プロ野球チームの社員

高木大成

ワニブックス
PLUS新書

はじめに
～選手とはまた違った「野球のプロフェッショナル」がいる

私がプロ野球選手を引退したのは２００５年シーズンの終わりですから、すでに15年という長い年月が経ちました。

もっとも、私はプロ野球選手として超一流の成績を残したわけではありませんので、みなさんが知らなくてもなんら不思議ではないと思っていますが、プレーヤーとして野球をやっているみなさんや、若いビジネスパーソンのみなさん、そして埼玉西武ライオンズを応援していただいているみなさんに、私のセカンドキャリアやプロ野球ビジネスについて、少しでも知っていただけたら幸いです。

私は西武ライオンズの選手として10年間プレーしたあと、株式会社西武ライオンズの社員（一般的には球団職員と呼ばれています）、それも「スーツを着るほう」としてセカンドキャリアを積んできました。日本のプロ野球では毎年70人、80人という選手が現役を引退しますが、スーツを着て球団の仕事をする人は珍しい部類のようです。

この本のもとになったのは、2020年2月から4月にかけて、WEBマガジン『ニュース・クランチ』に連載された『球団職員の世界』です。

知られざる「会社としてのプロ野球チーム」をひとりでも多くの人に知っていただけたらということこの企画、担当編集者の話では「大好評」だったそうで、今回、WEBでは紹介しきれなかった部分や、私のパーソナルな部分などを大幅に加筆修正して、一冊の本にすることになった次第です。

そういうわけですので、本書のメインテーマは、「球団で働いている人って、どういう仕事をしているの？　どんな職種があるの？」という、みなさんが〝球団職員〟と呼ばれる仕事について持っている疑問にお答えすることです。

私がプロ野球選手として現役だった頃、いちビジネスとしてのプロ野球は今とはまったく違うものでした。

球団単体で黒字というチームは少なく、野球だけで利益をあげるというより、球団を持つことで親会社の知名度やイメージをアップするのが主な目的といっても過言ではありません。

その頃の球団で働く社員は、それまでグループ企業で野球とは関係ないキャリアを積み重ねてきて、極端に言えば〝突然〟プロ野球チームに異動したという方が多くいたというのも事実です。

一方、現在はすっかり様変わりしました。観客動員や放映権料、飲食やグッズ、広告など、それ以外にさまざまな収益源を球団単体として追求し、ファンに喜んでもらって利益を得る形に変わってきました。

それにともない、球団を運営するプロフェッショナルとして、球団で働く社員の役割は大きく、幅広くなってきています。

プロ野球が大好き、エンターテインメントビジネスに興味があるという人の中には、将来、球団の社員になりたいという方がいるかもしれません。そんな方の参考になればという思いがあります。

また、そういう人が増えたらいいなという願いも込めています。


ただ、この本をつくる過程で、企画の趣旨とは別に、私なりのテーマが見つかったような気がしてきました。

これまで、あまり誰かに何かを伝えたいとか、声を大にして何かを主張したいなどと思うことはありませんでしたが、こうして自分のやってきたことを振り返り、仕事内容を書き出していると、私なりのふたつのテーマがあると気づきました。


ひとつは、「なりたい自分になるために」です。

私は、子どもの頃から野球を始め、ずっとプロ野球選手になることを目指してきました。そして、それを実現するための自分なりの思考方法があり、行動パターンがありました。

人生は人それぞれで、職業意識もそれぞれのもの。誰かの体験がそっくりそのまま当てはまることはあり得ませんが、プロフェッショナルとはいえない状態から、他人からもプロと認めてもらえるようになるまでに、どんなことを考え、何をやったかを知ることが参考になることはあるのではないかと思いました。

とくにお子さんにスポーツをやらせたいと思っている方には、役立つところがあるかもしれません。

私は、プロ野球選手を引退したあと、「株式会社西武ライオンズの社員」という次なる「プロフェッショナル」にもなりました。詳しくは本編でお話ししますが、さらにもうひとつ別の、それまで考えてもいなかったプロフェッショナルであった時期もありました。

そのいずれの職にあったときも、自分のできることと自分に求められることのギャップに苦しみながら、自分なりのやり方で「なりたい自分」に近づいていくことができたと思っています。

同じような境遇にある人や、「なりたい自分」になれていないことに悩み、苦しんでいる方にとってのヒントやエールになったらいいと思います。また、これから社会に出ていく高校生や大学生の「職業に就くことへの不安」を解消し、希望を持ってもらう材料になれば、こんなにうれしいことはありません。

昨今の「コロナ禍」によって、これからの社会や経済がどうなっていくのか先行きが不透明になっています。実は、私が3つの職業でプロフェッショナルになろうとしていた「時代」も、それぞれがまさにそうでした。そうした見通しの悪い時代の職業人が、どういう心構えで仕事にあたっていったか、過去の事例として振り返ってもらうこともあると思います。

もうひとつの私なりのテーマは、「伝える・つなぐ」です。

思えば、私が3つのプロフェッショナルとして経歴を重ねてこられた陰には、指導者、育成者、教育者として、先人から受け継いだ知識や技術を伝えていただいた方々がいます。極論をいえば、生物の使命が命をつなぐことであるように、職業人の使命は、仕事を後輩へ、次の世代へ伝え、つなぐことなのかもしれません。

2020年現在の球団の社員としての私の主な担当は、中継映像の販売・制作です。これもまた、「伝えること」です。誰に何を伝えようとしているのか、そのためにどんな行動をしているのか。そんなこともぜひ知っていただけたらと思います。

そもそも野球というスポーツでは、「つなぐ」というのが非常に重要なことです。自分ひとりで決めようとせず、次のバッターへチャンスをつないでいくことでビッグイニングが生まれます。

先発投手が得た勝利投手の権利を、リリーフピッチャーたちが自分の担当イニングを守り切ることで勝利への継投が完成します。野球とは「つなぐスポーツ」だといってもいいでしょう。

なぜ、セカンドキャリアとしてプロ野球チームの社員を選んだのか――「伝える・つなぐ」は、その理由とも大いに関係しています。

まずは、私がどのようにしてライオンズの「選手」から「社員」になっていったか、そのあたりの経緯からお伝えしていきましょう。

目次

第2章　パ・リーグとライオンズ　危機を乗り越えた「15年史」……059

第1章　高木大成、選手から社員になる

31歳での現役引退

２００５年のシーズンが終わったとき、私は来季に向けて静かに闘志を燃やしていました。

２００３年10月に右手首・右前腕・右上腕の３カ所を手術し、２００４年シーズンはプロ入り以来初めて一軍の試合出場がゼロに終わりました。大幅減俸に奮起を誓ったこの年も、傷はまだ完治せず、13試合の出場にとどまりましたが、右腕の状態がようやくよくなってきていました。だから、来季こそ勝負の年、自分の実力を存分に発揮しようと心に決めていたのです。

そんなある日、私は突然の戦力外通告を受けました。翌日からは若手選手たちが秋季キャンプに入るという時期でしたので、通告のタイミングには少々驚きました。そして10年目のシーズンが終わったところ、まだ32歳の誕生日を迎える前というのは、自分が思っていたよりも早いタイミングでした。

私がプロ入りしたのは、ちょうどその10年前のこと。１９９５年秋に行われたドラフト会議で西武ライオンズを逆指名しました。

打撃力と機動力をセールスポイントに1年目は主に捕手として80試合に出場。2年目からはファーストのレギュラーになり、97、98年と2年連続でゴールデングラブ賞を獲得。オールスターゲームにも97、98、99年と3年連続で出場しました。ここまでは「ドライチ」の期待に応えることができていたと思います。

しかし、その後は常にケガとの戦いでした。

1998年オフに右ヒジの遊離軟骨（症状が出たり引っ込んだりすることから「ネズミ」と呼ばれたりします）の除去手術を行い、翌99年のキャンプは二軍スタートとなりました。そのキャンプイン直後に右足関節外側側副靭帯損傷でまた手術です。早期手術が功を奏して4月には戦線に復帰し、110試合に出場してなんとか打率2割7分2厘、7本塁打を記録できましたが、規定打席には惜しくも到達できませんでした。

2000年は2月から右ひざ痛に悩まされ、試合出場はさらに減少。9月には右足内転筋痛も発症。オフに入るとすぐに左ひざの手術に踏み切りました。

そうこうしているうちに、当然ではありますが出場機会はどんどん減っていきます。

ファーストのスターティングメンバーには鈴木健選手やアレックス・カブレラ選手が入ることが多くなり、私は外野に回ることが多くなりました。しかし、その外野も小関竜也選手や和田一浩選手がポジションを固め、私の試合出場は2002年はわずか36試合、翌03年も56試合にとどまっていました。

そんな状況で傷めた右手首・右前腕・右上腕を手術し、04年は試合出場なし、05年は13試合のみ。この傷さえ癒えれば、もう一度自分らしいバッティングができる——技術面ではある程度の自信がありました。

一方で、それ以上に自分の体が決して強くないことは、まさに痛いほど実感していました。ですから、突然の戦力外通告を受けても、現役引退を決意するまでにそう多くの時間を必要としませんでした。

「第二の人生」に迷う

引退はすんなり決めましたが、その後の進路を決めるまでにはしばらく悩みました。

なぜかというと、時を同じくして、球団から西武グループで働いてみないかという打診をいただいたからです。

プロ野球界では、毎年数多くの選手が現役を引退していきますが、たとえばコーチとして引き続き現場に残るケースはほんの一握り。また、スカウト、スコアラーといった仕事にはある程度の育成期間が必要ですし、球団として定員もあります。プロ野球を支える、やりがいのある仕事なのはもちろん私もよく知っています。

ただ、「現場に残る」というのは、ほんの一部の選手だけではあるものの、想定の範囲にある選択肢ではありました。

もう一つの選択肢こそ、所属していた球団の社員として働くという道でした。

後者については正直なところ、まったく想定していませんでした。具体的には、営業や広報の仕事、つまり「サラリーマン」です。それまで、私の周辺には「現役引退とともに球団の社員として働く」というケースはありませんでしたから。

これまでずっと野球をやってきたので、ユニフォームを着続けて指導者になることには当然魅力を感じました。

しかし、私はそうしませんでした。もうひとつの〝思い〟も、自分にとって魅力のあるものだと思ったのです。

これまでの生活とはまったく違う、「サラリーマンになるチャンス」というのが、キラキラと輝くほど魅力的に思えました。そして直感的に32歳という年齢が、「スーツを着て仕事をし始める」ギリギリのタイミングではないかと思いました。挑戦させてもらえるのなら、ぜひやってみたい……そんな思いもありました。

決めかねて悩んでいる間は、学生時代に指導していただいた恩師や、監督としてドラフト会議で私を指名し、その後のファーストへのコンバートなど選手としてのキャリアを導いてくださった東尾修さんにも相談しました。

東尾さんは、「球団の職員になるのがいいのではないか」とおっしゃっていました。なぜそう思われたのか理由までは聞けませんでしたが、私の性格などから判断されたのかもしれません。それ以上に、勝負師として現場に長くいた方の意見には、不思議な説得力がありました。

1カ月近く考えたのでしょうか。迷った末に、ようやく「ライオンズの社員」になることを決断したのでした。

サッカー日本代表の躍進で焦っていた野球界

当時もそうでしたが、現在でも現役引退した選手がダイレクトに球団で仕事をするケースは、あまり耳にしません。

その理由を自分なりに考えたこともあります。たとえば、私に球団の社員としての適性があると上層部の方が判断して抜擢したのではないか——そんなふうに思われる方がいるかもしれません。そうだったら私としてもよかったのですが、たぶん事実は違います。そういうことではなく、単純に「タイミング」がピッタリ合ったのだろうというのが私の答えです。球団と選手の垣根を越えて、何かしら行動をしなければならない時期だったからだと思っています。

その当時、野球界は「焦り」の真っただ中にありました。野球界を焦らせたもの、それはサッカーの人気でした。

1993年にスタートした日本プロサッカーリーグ（Jリーグ）は、「日本サッカーの水準向上およびサッカーの普及促進」など、崇高な理念を掲げて多くの人たちから支持されました。そのとき、「親会社の宣伝媒体」という側面が少なからずあるプロ野球が必ず比較の対象にされました。

プロリーグ発足により急激に競技レベルを向上させたサッカー日本代表は、1998年に悲願のワールドカップ初出場を果たします。そのときの過熱報道、人々の熱狂は大変なものがありました。

サッカー日本代表はその後も順調に世界での地位を向上させ、国際大会やテストマッチのたびに話題をさらいました。

2002年に日本と韓国とで共催されたワールドカップが行われるに至り、それまで「事実上の国技」とまでいわれ、唯一無二の突出した存在だった日本のプロ野球は、サッカーの勢いに完全に押されるとともに、後退局面に入っていました。西武ライオンズも当然、そのあおりを食っていました。

日本型経営の転換期に起きたプロ野球再編

また、バブル崩壊後の日本の経済界も、外資の進出などにより大きく変わってきていました。従来の日本型経営を見直さなければならなくなり、それが多少なりとも、いや、かなり大きく球団経営に影響を与えていました。

決定的だったのが、私が引退する1年前、２００4年の出来事です。

この年、プロ野球界は揺れに揺れました。大阪近鉄バファローズとオリックス・ブルーウェーブが合併し、近鉄が事実上消滅。さらにもう2球団を合併させて「10球団1リーグ制」を模索しているとの報道もありました。

それに対して、プロ野球選手会は当時の古田敦也会長が陣頭指揮を執って立ち上がり、日本プロ野球史上初のストライキを敢行しました。

その結果、新球団である東北楽天ゴールデンイーグルスが誕生し、12球団の2リーグ制が維持されることになりました。

当時、「球団は誰のものか」といった議論がマスコミでもなされ、どちらかというと

「経営者側」が非難される論調が強かったように記憶しています。

しかし今、冷静に考えてみれば観客動員が少ない、収入が少ない、お金が足りないという現実の前では、そうした「○○すべきだ」といった議論には意味がありません。将来大きな痛手を負わないように先手を打とうとしたのは、企業経営として当然のことだったと言えるでしょう。

当時のライオンズには松井稼頭央選手や松坂大輔投手といった人気と実力を兼ね備えた選手がいて、1982年から20年以上連続でAクラスをキープする常勝球団でした。にもかかわらず、球場は満員になることがなかったからです。

「ライオンズの価値を高めたい」その思いが一致した

プロ野球ファンと選手会のパワーが結集して、野球界に変革の兆しが表れたのを目の当たりにして、私はライオンズも何かを変えるなど企業努力していかなくてはならないという問題意識を持つようになっていました。当時の球団上層部の方々は、私以上にそのような考え方をしていたように思えてなりません。

実は、一軍試合出場がゼロだった2004年シーズンの契約更改で、私は当時の規定だった25％の減額制限をはるかに超える60％ダウンを提示され、すぐにハンコを押せなかった経験があります。

普通ならこういったことは、球団幹部にとっては「好ましくないこと」「面倒なこと」だと思います。でも、その翌年、戦力外を通告と同時に西武グループで働いてみないかという打診があったということは、単に「やっかい者」として扱うのではなく、何か使いみちがあると考えてくれたのかもしれません。選手たちの意見をフロントに橋渡しする役目を、私に期待したのかもしれません。

手薄だった「ファンサービス」を担当する

こうして私はライオンズの社員として2006年シーズンを迎えることになりました。

最初に配属されたのは、営業部に立ち上げられた「ファンサービスチーム」です。

それまでは、現在と比べるとファンサービスのイベントが充実しているとはいえない状況でした。

ライオンズが「ファン感謝の集い」を行うようになったのは、私が引退した2005年のオフから。それまでは、少年野球教室でした。

「野球選手なら野球でファンを喜ばせよ」それが当たり前でした。

ですから、ファンサービスチームに配属された当初は、私も先輩たちもまだ何をやったらいいのか、まったくわかっていませんでした。

そこで、選手をやめたばかりで、またファンの間ではある程度名前が浸透していた私は、開門直後からゲート付近に立って、ずーっとサインをしまくっていました。

球団の社員、ファンサービス担当として、まだ何もできない私のキャリアは、ひたすら試合前にサインをすることから始まったのです。

手探りで育てたライオンズのファンサービス

その当時はまだ社員になったばかりで、右も左もわからず、先輩や上司について行くのに必死の時期でした。ですから、「これは私がやりました」と言えるようなことはありありません。

でも、西武ライオンズが球団としてファンサービスを手探りで拡大していく現場で、私自身も手作りの作業を懸命に行っていました。

たとえば、ライオンズは２００６年にチアリーディングチーム（『BLUE WINDS』、現在は『bluelegends』に改称）を結成しました。

今でこそ立派なステージがありますが、当時は予算も人手もなかったので、移動式の簡易ステージを私が設営したり撤去したりしていました。その姿は、大学のプロレス同好会がリングを設営する姿に似ていたかもしれません。まさに手作り感でいっぱいでした。

また、主催カードごとに見どころなどを記した小冊子（MATCH CARD PROGRAM

2008年に開催されたファンイベントに出席する筆者（写真：朝日新聞社）

"L'ism"）を発行し、1部100円で販売したりもしました。

球団公式サイトで『TAISEI LABORATORY（大成ラボ）』（※現在は閉鎖）というページをスタートさせたのも社員1年目の頃です。

それまで、球団関係の情報は発信するばかりの「一方通行」でしたが、大成ラボではファンのみなさんの声やアイディアも聞きました。今思うと、ライオンズにおけるマーケティングの走りのようなものだったといえるかもしれません。

そのページを使って、夏休みには子どもたちに向けた「夏休みイベント」の参加者募集をしました。

イベントでは、「ボールやバットをスパッと輪切りにしたら、断面はどうなっているのか」「プロ野球はどのように運営しているのか」など、夏休みの自由研究になるような、「プロ野球の不思議」をテーマにした話をしたのを覚えています。

その後、西武ドーム（現＝メットライフドーム）の職場見学をし、試合直前にはグラウンド整備を体験してもらい、最後に修了証を渡す……そんなイベントでした。

球団初のテレビCM制作はまさかのお蔵入り危機に

ライオンズのファンサービスにとって一大転機となったのが2006年のオフです。この年、エース松坂大輔投手がポスティングでボストン・レッドソックスに移籍しました。現在は、ルールが変わりそういうことはなくなったようですが、当時は日本人選手の獲得競争がヒートアップして、球団に多額の移籍金が入ることになりました。その一部を「ファンに喜んでもらえることに使おう」ということになったのです。ファンクラブの特典を充実させたり、子ども料金の見直しなどに活用しました。

さらに、球団史上初めてテレビCMを作ることになったのです。この歴史的なプロジェクトには、私もコンセプトづくりから参加させてもらいました。

ピッチャーから始まって、キャッチャーが捕って……と、ひとつのボールをみんなでつないでいくというイメージを考案し、採用してもらいました。

ＣＭ制作、放送というのはとても大きなお金がかかる事業です。オンエアする日は決まっていて、それまでに完成させなければならない重圧が日に日に強まります。

広告代理店には、たくさんの人が分業で関わっていますが、当時は球団社員の人数も少なく、このプロジェクトは私がメインで担当していました。押し寄せるような電話やメールに対応するだけでもヘトヘトに、それと同時に充実感のある日々が続きました。

ところが、完成したそのＣＭがテレビで放送されることはありませんでした。あえて詳しい説明は省略しますが、ＣＭの放送を断念せざるを得ない事態になってしまったのです。

結局、地上波でのテレビ放送はありませんでしたが、そのＣＭは２００７年シーズンの主催試合で球場のビジョンで上映しました。

体験型イベント「サラリーマンナイト」ができた背景

集客を考える上で、ライオンズの強みと言えるのが「自前の球場であること」です。大げさに言えば、自前の球場なら何時間使っても使用料は同じ。これは首都圏を本拠地とする他球団にはない大きなメリットでした。

そこで考え出されたアイディアが、「試合が終わった後にお客さんをグラウンドに入れちゃおう」というものです。一部の座席や大型ビジョン、人工芝などの張り替え改修を行った2008年シーズンのことでした。名付けて「サラリーマンナイト」。平日試合後、社会人の方なら希望すればどなたでも参加できるというものでした。

目玉になったのは、私が打つノックのコーナーです。

ついさっきまでショートに中島裕之（現＝宏之）選手、セカンドに片岡易之（現＝治大）選手が守っていたグラウンド。ライオンズファンなら、守備位置につくだけでも大興奮です。

私が打つノックはひとりにつき、たったの1球。それを捕ったらファーストに投げるというだけのことですが、これは大いにウケました。

グラブは貸し出ししないので、お客さま自身で用意してもらうよう告知していました。ですから、サラリーマンの皆さんは、朝、電車通勤する時からカバンにグラブをしのばせていたわけです。きっと楽しみにしていたことでしょう。それを思うだけでも微笑ましく、やってよかったなと思います。

女性限定の野球体験の日もやってみました。ノック、バッティング、ピッチング。ほとんどの方は経験がないので、マウンドから投げてもキャッチャーまで届きません。でも、まだ先ほどまでピッチャーが投げていた、スパイクの跡が残っているマウンドに立てば、すごく高くて、すごく遠いのを感じてもらえます。

ホームベースが小さく見える。野球の難しさ、野球選手のすごさを理解して、より野球が好きになってもらえたはずです。

これらの体験型イベントを考案したのは先輩方でしたが、「大成、参加者みんなにノックできるか?」と聞かれて、ふたつ返事で「やりましょう!」と答えたのがスタートでした。

それが集客増に直接つながったかはデータがないので不明ですが、楽しそうな声が響くグラウンドにいると、本当にやった甲斐《かい》があったと感じられました。

最初の年は木曜日だけでしたが、次の年からはキッズデーなど、曜日によってイベントが変わる「ALL-time Baseball Project」として全試合後に開催しました。

現在、私はノックをしていませんが、たくさんのOBが協力してくれて、現在まで続いています。

「プレスリリース千本ノック」で進歩

今までになかったものを手探りでつくっていく、そんなファンサービス担当の仕事はとても楽しいものでした。

ファンサービス担当の後、私はPRを担当する部署に配属されました。多くの企業に存在する部署だと思います。自社の商品やサービスなどを、できるだけ有効な手段でお客さまに知らせるのがその目的です。

その最も代表的な仕事がプレスリリースの作成です。プレスリリースとは、テレビ、ラジオ、新聞、雑誌などのマスメディアに向けて、「話題のネタ」を提供するための企業情報を知らせるもののことで、各メディアにはそれを受け付ける専用のFAX番号がありました。

ファンサービス担当とは異なり、こちらはすでに先人たちにより確立されたノウハウがあります。それを習得していかなくてはなりません。

私はいつでも上司に恵まれているのですが、そのときの上司も育成上手の方でした。まず自分でお手本を見せながら、仕事の要点を端的に伝えてくださいました。

その上で、とにかく自分でやってみるように、しかも数多く続けてやるようにと指導を受けました。

私はまるで「千本ノック」のように、毎日毎日プレスリリースを書き続けました。内容は、ファンサービスの新企画はもちろんのこと、新しいグッズのひとつからでもリリースの形にしました。

記事にするかどうか、放送するかどうかはメディア側が判断すること。こちらで選択する必要はない——上司の指示は明確でした。

しかし、はじめはまったく上手く書くことができません。まずは文章を書き上げることだけで時間ばかりかかってしまいます。

量だけではダメで、質もアップさせていかなくてはなりません。こちらにとっては1日1通でも、メディア側にしてみれば毎日毎日、山のようなFAXが届いているはずです。その中から、担当者は紙面や放送で取り上げる価値があるかどうかを一瞬で判断しているのです。

さらに言うと、こうした企業から提供される情報は、メディア側の想像などで手を加えると、事実と違う内容になってしまうおそれがあります。であれば、リリースの表現をそのまま紙面や放送に載せられるに越したことはありません。そのほうが、メディア側にとっては手間が省けるのです。

上司から何度も「これで、そのまま載せてもらえるのか?」「自分の書きたいことを書くのではなく、読者や視聴者に受け入れられるように書け」とダメ出しされました。

載せてほしいメディアの情報コーナーを熟読し、どういう見出しを立てて、どういう順番で記述すればいいのかを研究しました。

一番下っ端で何もできないことを自覚し、とにかく謙虚に取り組む。「元野球選手だ」と偉そうにしたり、逆に「元野球選手なんだから、できなくて何が悪い」と開き直ったりしない。淡々と努力し、ゆっくりでも前進する。そう心がけていました。

はじめは箸にも棒にもかからないリリースばかり書いていた私ですが、上司のアドバイスのおかげで、亀の歩みのように少しずつ進歩して、最終的には自信を持って仕事ができるようになりました。

飛び込み営業をするも連戦連敗

その後は、法人営業も担当しました。球団の収益源として、年間指定席（シーズンシート）のチケットを企業に買ってもらう、あるいは球場に企業名の広告を掲示する、つまり「看板」を買ってもらうのは、非常に重要なことです。

法人営業は、そのように企業に対して、球団の商品やサービスをセールスするのが仕事です。第2章で詳しく説明しますが、ライオンズの場合、この法人営業の部署を球団内には持っていませんでした。

私が法人営業を担当した頃は球団改革のひとつとして事業が立ち上がったばかりの頃でした。そのため、訪問すべき企業のリストもなく、要するに営業マンとして、どこへ出かけていったらいいかもわからない状況でした。

極端な話、目に付いた企業に電話で営業をしました。電車の窓から見えた会社、新聞や雑誌に載っていた会社、家電を操作すればそのメーカーと、電車内の広告、本当に視界に入った企業から始めました。

100%飛び込み営業ですから、当然のごとくなかなか契約は取れません。ときには「高木大成」という名前に反応してくれる野球ファンの方もいらっしゃいましたが、企業として広告を出してくれるか、年間指定席を買ってくれるかというと、それはまた別のお話です。毎日毎日大苦戦を強いられ、連戦連敗の日々が続きました。

あるとき、ふと思い立ちました。プロ野球というのは興行ビジネスです。お客さんは、たしかに野球ファンかもしれないけれど、目の前で繰り広げられるスペクタクルを求めるエンターテインメントが好きな人たちなのかもしれない。とすると、球場はいわゆる「ハコ」。エンタメにお金を出す人が集まる場所……映画館は似ているな……。

私が初めて取った新規契約は、映画の配給会社でした。当時、公開日が近かった「変形するロボット」をテーマとしたアメリカ映画を、球場に来られたお客さんに向けて宣伝してもらうというプランです。西武沿線にある映画館や、売り出し中の上映システムを絡めて、丸1試合を使った大々的なプロモーションになりました。

それからは「こういう企画であれば、こんな会社に売れるのではないか」と、ライオンズ戦の価値に着目して、的を絞った営業ができるようになりました。

「出向の終了」だったプリンスホテルへの異動

ところで、ライオンズの社員になった私ですが、当初の所属は「株式会社コクド」（現＝株式会社プリンスホテル）でした。当時、ライオンズ球団にはいわゆるプロパー社員（球団が直接採用した正社員）が多くはいませんでした。では、球団の社員はどういう身分だったのかというと、西武グループ各社の社員が球団に「出向」する形が多くとられていました。

私の場合は、当時ライオンズの親会社でもあったコクドに籍がありました。所属するコクドから球団に出向していた私ですが、それがもととなって、後々まったく想像していなかった道を歩むことになりました。

「西武グループ再編」という出来事があったのです。

これもまた詳しい説明は省きますが、2004年に西武鉄道が上場廃止となったことなどをきっかけに、西武グループが再編されることになりました。

その過程で、コクドはプリンスホテルと合併し、プリンスホテルが存続会社になりました。それにより私の正式な所属もプリンスホテルとなりました。

といっても、実態としては大きく変わることなく、グループ企業の一員である西武ライオンズへの出向社員として、引き続き2011年まで勤務していました。

ところが、2011年12月、私は突如としてプリンスホテルへ異動になりました。ただ形としては、西武ライオンズへの出向が終了となり、「元籍」であるプリンスホテルに戻ったことになります。とはいえ、私としてはそんな簡単なことではありません。

球団の社員として、サラリーマン生活にもやっと慣れてきた中で、また新たに「ホテルマン」という、今度は完全に野球から離れた世界に飛び込むことになるだなんて、想像もしていませんでしたから。

ホテルでいきなりマネージャー

当時の西武グループの企業全体にいえることだと思いますが、プリンスホテルも大変厳しい経営環境にありました。

上場廃止からグループ再編への道のりは少なからず痛みを伴うもので、プリンスホテルも収益性や、グループとして保有することについてのシナジーなどを検討した結果、施設を売却・閉鎖するなど、規模の縮小と人員削減を複数回にわたって実施しました。

当時は、東日本大震災から9カ月。まだまだ「自粛ムード」が残っていて、パーティーの需要も、宿泊の需要も回復基調に乗り切れていない……私がプリンスホテルへ「戻った」のは、まさにそんな時期でした。

プリンスホテルでは、まず高輪・品川エリアに配属され、国内向けの宿泊企画と宣伝を担当しました。仕事としては、ひとつはインターネット宿泊予約サイト向けの商品企画とプロモーション。ふたつ目は、年末年始やお盆休みなどの四季折々の宿泊プランの企画でした。これには食事やイベントといったものが含まれます。つまり、ホテル業務の全セクションに関わる仕事を担当しました。

未知なる業界への異動、しかもなんとマネージャーという立場でした。総支配人、支配人がいて、その下に何人かのマネージャーがいる、そのうちのひとり……。

球団にいたときも部下はいましたが、小さなチームでしたから、みんなでやっている感じでした。

一方、ホテルでも「プレーイングマネージャー」でしたが、部下の人数も多く、より責任は重くなりました。しかも、部下たちがやっている仕事を、こちらはすべてを正確に把握できていません。それをひとつひとつ覚えることから始めなければならなかったので、そういう意味でもプレッシャーがありました。

先に述べた通り、厳しい環境にあったことから、経費削減には特に重きを置いていました。

だから、マネージャーという立場など関係なく、私もいろんな業務を行いました。

たとえば、シルバーコートを着て、蝶《ちょう》ネクタイを着けてパーティーの配膳係をやりました。フォークやナイフなどをきれいに磨きあげたり、おしぼりを巻き直したりもしました。おしぼりというのは、業者さんからビニールの袋に入って納品されるのですが、ホテルではそれを取り出して、ホテル仕様に巻き直すのです。

クリスマスのディナーショーでは、誘導係などをしました。とにかく、できることはなんでもやりました。

右も左もわからないがやりがいのある仕事

その後、レストランの企画や広報を担当した後、2014年11月に東京タワー近くにある「ザ・プリンス パークタワー東京」と「東京プリンスホテル」へ移り、そこでも宿泊企画宣伝を担当しました。

この頃になると、西武グループも順調な回復期に入っていました。プリンスホテルも厳しい経営環境から脱し、少しずつ攻めに転じる時期になっていたと思います。

その当時の私の最も大きな仕事は、リニューアルした客室のプロモーションでした。新しいコンセプトを考える会議にも出席し、それに基づいてホテルでは老朽化した設備や内装のリニューアルに着手していきました。総支配人が直轄する中核的なセクションで、とてもやりがいのある仕事でした。

２０１７年4月に西武ライオンズに再び出向するまで、およそ5年と少しのホテルマン生活。なぜあのとき、元プロ野球選手で球団の社員だった私が、プリンスホテルのマネージャーとして配属されたのか。正確なところはわかりません。

ただ、今こうして振り返ると、当時は収益面も人手も不足する厳しい環境でしたから、体力、馬力という面を期待されたのではないかと思います。プロのアスリートとしては、体力と馬力の不足に悩んだ私ですが、ビジネスマンとしてなら、そう簡単には負けはしませんでしたから。

私の場合は元野球選手ということで、ホテル勤務が特殊に感じられるかもしれません。でも、「グループ会社と球団の間で人事異動」は、当時どの球団でも珍しいことではなかったと聞きます。

再びライオンズへ

プリンスホテルからライオンズに戻った（正確には再び出向した）後の、2018年7月からは営業部リレーション・メディアグループ、2020年10月からは事業部に移り、現在に至っています。仕事の内容は、試合の中継映像を制作し、テレビ、ラジオ、インターネット事業者に向けて試合中継の放映権を販売すること。

もうひとつは、選手や球団の肖像権などの、いわゆるライツビジネスです。

このふたつがメインで、それに加えて私たちが「リレーション」と呼んでいる業務もやっています。これは何かというと、オフのイベント出演依頼や、グッズへのサイン入れ、スポンサー各社から依頼されたサイン取得など、球団各セクションの職員から上がってくる選手へのニーズを取りまとめる業務です。

昔はそれぞれの社員が、各選手に直接お願いしていたのですが、効率化を図るため、現在はメディアライツグループで一括して行っているのです。

では、具体的にイメージしやすいように、私が現在担当している仕事の年間スケジュールを紹介しましょう。

NPB（日本野球機構）において最も大きなイベントのひとつである日本シリーズの終わりを待って、すぐに来季の放映権関係のセールスがスタートします。

各放送局のプロ野球放送予定は、だいたい2月までには決定します。つまり、私が関係する年間売り上げの大半は、11月から2月までで決まってしまうのです。

メディアライツグループの事業は、全体の予算の中でも、売り上げ、利益ともにそれなりの割合を占めていますから、万一その予算が崩れてしまうと、球団全体に影響してしまいます。ですから、その時期は選手時代のバッターボックス並みにプレッシャーがかかるといってもいいかもしれません。

11月、12月は各放送局を回ります。東京や首都圏のテレビ局やラジオ局に加えて、北海道・仙台・福岡など地方のテレビ局にも出向き、1試合でも多く放送してもらえるよう営業をかけていく時期です。それぞれの地域には、複数の放送局があります。多い地域では民放が5局ありますが、あまり詰め込みすぎのスケジュールにはしないようにしています。効率だけを重視しても、あまり結果につながりません。

2月までにほとんどの放送予定が決まるものの、シーズン途中で放送が増えるケースもあります。ペナントレースが白熱したり、注目選手の記録がかかる試合などでは、放送局で新たな予算が組めたりして、シーズン中に試合中継が追加されるのです。

その時に、私の顔を思い浮かべてもらって、「じゃあライオンズ戦にしよう」と思ってもらえるようにするのが、私の仕事です。

キャンプ映像も重要なコンテンツ

放送局回りをする11月、12月には1年間の試合スケジュールは出ていますので、極論すれば試合予定表を見ながら、「この日とこの日とこの日……○試合をお願いします」

「では検討しておきます」という流れで要件は済んでしまいます。

でもそうではなく、たっぷりとお話ができるように時間を確保しています。というのも、各放送局の方との情報交換も、大切な仕事だからです。

たとえば、経済の状況は決して日本全国一律ではなく、地域ごとに差があったりします。また、2020年に限ってはオリンピックが予定されていたため、放送局のスポーツ関連予算の配分が変わる可能性もありました。

そういった景気や業界の動向を掴み損ねていると、突然売り上げ減少に直面したり、その穴を埋めようにも後手に回ってしまったりという目に遭います。

ですから、営業先でのヒアリングはとても大切なのです。

1月には、キャンプ中継の準備も進めなくてはいけません。今や2月のキャンプ中継は、重要な映像コンテンツになりました。

2月に入れば、キャンプ中継からオープン戦、そして3月のペナントレース開幕と、実際に放映権を販売した試合が行われていきます（コロナ禍に見舞われた2020年は、例年通りのスケジュールにはなりませんでしたが……）。

その期間になると、中継映像の制作現場に立ち会い、日々の試合をより面白い中継映像にできるよう取り組み、シーズン終了まで続いていく。それが基本的な1年間の流れです。

野球中継の事前打ち合わせ――中村剛也の記録達成時を例に

そのために重要になるのが、事前の準備、打ち合わせです。同じ野球中継ですから、基本的なやり方は決まっています。そんな中でその日、注目すべき情報をスタッフ全員で確認しておきます。両先発投手の調子、その投手との相性がいい打者・悪い打者、達成されそうな記録、昇格したばかりの選手など、「その日特別に起きそうなこと」に備えます。

2020年8月26日、メットライフドームで行われたファイターズ戦で、中村剛也選手が通算1500安打を達成しました。

当日の試合前の打ち合わせで確認していたのは、記念プレートが授与されるシーンはもちろん押さえるとして、必ず栗山巧選手の様子をとらえようということでした。

2001年のドラフト会議、2巡目に指名された中村選手（大阪桐蔭高）と4巡目に指名された栗山選手（育英高）。高卒で同期入団した二人は仲がよく、ここまで切磋琢《せっさたく》磨《ま》しながら一緒に成長してきました。この大事な関係性を映像として絶対に残しておこう――それが私たちの方針でした。

その当たりは、中村選手らしい豪快なホームラン……ではなくて、サード前へのボテボテゴロ、でもやはり中村選手らしい見かけによらない俊足を生かした内野安打で大きな記録を達成しました。

一塁を駆け抜け、少しきまりの悪そうな中村選手のアップ、場内ビジョンに表示された「通算1500安打達成!!」の文字に続いて、ダグアウトの前の方に乗り出してきて、立ち上がって笑顔で拍手を送る栗山選手の様子が映し出されました。

知らない人にとってはよくある「チームメイトの祝福」に見えると思いますが、二人の関係性をよく知っているファンにとっては、絶対に見たいシーン、胸が熱くなるシーンだったと思います。

実況の声の情報だけでなく、いかに映像で語れるか。私たちには球場にある感動を伝える責任があり、それが果たせたときには、この上ない幸せを感じます。

「ビールかけ」はリハーサルをしている

シーズン終盤の〝うれしい〟仕事としては、優勝時に行う「ビールかけ」の中継があります。

大事な記念すべきイベントで、やり直しがききません。始まってしまうと20～30分ほどで、あっという間に終わってしまいます。

その間、各放送局は最高の瞬間を逃さないように懸命になりますから、思わぬミスも起きかねません。準備がとても大切なのです。

テレビの前からではまったく見えない部分ですが、ビールかけの中継は準備が重要、いや、準備がすべてといってもいいイベントなのです。

ただ大変なのは、どの球場で優勝が決まるかはまったくわからないということ。リー

2019年リーグ優勝時のビールかけの様子（左から栗山巧、中村剛也）。一瞬で終わってしまうため、事前に入念なロケハンが行われる（写真：SEIBU Lions）

グ優勝であれば各球団の本拠地6球場、どこで決まるかわかりません。それぞれの場合のビールかけ会場とビールかけ後の各テレビ・ラジオ局の取材場所を決めて、順次下見とリハーサルをしないといけません。

その準備は、なんと8月下旬から始めています。各放送局の担当者にビジター球場や遠征先の宿舎などに来ていただいて、中継車はどこに置いて、カメラはどこに置いて……と打ち合わせを進めていきます。

さらに、日本シリーズで優勝したときのビールかけも想定して、その時点でクライマックスシリーズ進出の可能性があるセ・リーグのすべての球団の本拠地について、同様の準備をしておきます。

これ、8月の段階で優勝の可能性がある球団であれば、必ずやっている仕事です。優勝しないシーズンや、空振りになってしまう会場も多いわけですが、準備は必ずやっておきます。2018年、2019年は、見事に優勝のビールかけがリハーサルどおりの現実となってくれました。

実況アナウンサーもタイプはいろいろ

全体に指示を出すディレクター、映像を切り取るカメラマン、複数あるカメラの映像の中から伝えたい映像を瞬時に選択するスイッチャー、言葉で説明やコメントを加える実況アナウンサーと解説者、球場の迫力を伝える音声担当、VTR担当など。それぞれがプロフェッショナルの技を持ち寄って、お互いに気持ちをひとつにして連携することではじめて、視聴者にとって見やすく、面白いと感じられる中継映像ができあがります。

こうした中、実況アナが話している内容に映像がついてこないとか、逆にちょっと変わった映像が流れているのに、実況と解説が別の話題のまま気づかないとか、そういう状況は視聴者にとってストレスです。

実況アナと解説者の会話が噛《か》み合うのが理想ですが、お互い別の人間なので、しゃべりたいことが違うのもよくあること。

たとえば、アナウンサーの方は資料をたくさん用意してくることが多く、最近ではすべてを1台のPCに入れて、巧みに操作しながら実況する人もいます。興味深いデータや知識を提供してくれるのですが、そちらに引っ張られすぎると、目の前で起きているプレーがおろそかになってしまうこともあります。

逆にライブ映像重視の方は、単調な実況になってしまうこともあったりします。実況アナもいろいろなタイプがいるから面白いのだと思います。

一方で、野球中継の現場には大ベテランがたくさんいらっしゃいます。

第2章でも詳しく述べますが、かつて野球中継といえば大多数が大手放送局が制作していましたが、現在では地方の放送局、BSやCSの専門放送局、そして球団が独自にスタッフを抱えて中継するケースと、多極化しています。

それにともなって、長年テレビ局やラジオ局所属の実況アナとして活躍されて、定年などで独立された大ベテランの中継アナウンサーにも活躍の場が増えました。

やはり、経験に裏打ちされた知識やテクニックがあり、聞いているみなさんにも安定感を与えることができます。

ただし、高齢化、後継者問題が顕著なのも事実です。これは解説者も含めて。

最近では二軍戦の中継も増えてきていますので、「若手」の解説者や実況アナは、そういった場で経験を積んでいる姿を目にします。

解説者は、元野球選手にとって重要な職場です。2020年シーズンにコーチとして現場に戻った豊田清さんと小関竜也さんも、その前年までは解説者として活躍されていました。

第2章　パ・リーグとライオンズ　危機を乗り越えた「15年史」

プロ野球が「構造改革」を必要としていた背景

私がライオンズの社員としてキャリアを積んだ時期は、日本のプロ野球が急激に変化した年月でもありました。本章では、その間にプロ野球界で起きた変化を、社員としての視点からつづっていこうと思います。

戦後の成長期からバブル経済の時期、その余波が残る1990年代まで、プロ野球のパワーバランスは読売ジャイアンツに一極集中していました。ほぼすべてのジャイアンツ戦が地上波テレビで全国放送され、「巨人＝国民的人気球団」というのが常識ですらありました。

ジャイアンツの主催試合はいつも満員、放映権収入も莫大《ばくだい》なものであったようです。その影響は、当然ジャイアンツのビジター戦を主催する他のセ・リーグ各球団にも及びます。

しかし、どんなにジャイアンツ戦が国民的人気を得ようとも、リーグが異なるパ・リーグの各球団には、まったく縁のない話でした。パ・リーグの多くの球団は、少ない観客動員を前提に経営するしかなく、グループ会社の支援なくしては成り立たないのが実情でした。

それでも、プロ野球は他のスポーツとは比べものにならないくらい突出した人気がありましたから、スポーツニュースなどで球団名（企業名）が呼ばれるだけで、それに値する広告効果があったのは間違いありません。

しかし、景気が完全に後退局面に入った00年代初頭には、パ・リーグの一部の球団でチームを維持するのが限界に達していたように思います。結果として起きた２００４年の「合併騒動」「球界再編」については第1章で触れたとおりです。

ストライキなど、グループ会社と選手会とのぶつかり合いを経て、再スタートを切ったその後のプロ野球界の歴史は、お金の流れを変えた歴史でもありました。

この頃からセ・パ交流戦が誕生し、プレーオフ制度（クライマックスシリーズ）が定着しました。時を同じくするように、多くのテレビ局がプロ野球の地上波中継を見直し、球団も放映権だけに頼らないビジネスモデルを追求するようになり、問題意識はセもパも共通のものへと変わっていきました。

プロ野球は産業としての「構造改革」を必要としていたのです。

「球団単体」での収益最大化へ発想を転換

私が引退した2005年からの15年間で、プロ野球界の最大の変化といえば、パ・リーグの観客動員数ではないでしょうか。

ちょうど入場者数を実数で発表するようになったのが2005年です。その年、パ6球団の入場者数合計は約825万人。それが2019年には約1167万人にまで増加しました。これは41％増に相当します。西武ライオンズも110万人から182万人へと65％以上アップしました。

クライマックスシリーズやセ・パ交流戦といった施策が観客動員に影響しているのも事実ですが、それ以上に大きかったのは、危機感を各球団が共有し、球団の経営方針を変えたことにあったと思います。

それは、グループ会社の支援に頼ることなく、球団単体の事業として利益を出せるようにする15年間であり、なんとか収益を最大化しようと企業努力を重ねた15年間でもありました。

ライオンズの場合も、その変化は本当に顕著でした。たとえば年間指定席です。年間指定席（シーズンシートとか年席とも呼ばれます）は、熱心なファンが購入することももちろんありますが、法人や個人事業主が接待や福利厚生のために購入するケースが多い座席です。当初ライオンズは、年席の販売を西武グループの別の企業に委託していました。

その時代の法人営業といえば、「お願い営業」「おたがい様営業」が中心でした。西武グループの各企業と関係の深い企業に「おつきあい」していただく営業スタイルです。正直なところ、こうした営業スタイルは、販売担当者にとってはモチベーションは決して高くはなかったと思います。

しかし、球団が独自で法人営業チームを持ち、年席を販売するようになってから、状況が大きく変わります。

これからは球団が単体で収支の責任を負わなければいけない——そのために、どうすればもっと売れるかを主体的に考え、シーズンシートの価値を高めるために、さまざまな施策を練るようになっていきました。

まっさらだった外野フェンスの変化

似たような例はほかにもあります。看板のセールスもそうです。看板とは、球場のあちこちに掲示している広告看板のことです。

ライオンズの本拠地球場であるメットライフドームには、今でこそたくさんの看板が付いています。しかしその昔は、看板が付いているのは外野のビジョン周辺くらいで、外野のフェンスはまっさらでした。

それはそれで、ファンからは「野球が見やすい」と好評だったようですが、球団からすれば得られるはずの収入が得られていないということになります。

グループ会社に頼らず球団単体で利益を上げる構造改革が必要となり、看板のセールスを行う営業マンを球団が抱え、しっかり販売していこうということになりました。そ

メットライフドームの内観。この角度から見るだけでもあらゆる場所に看板が掲示されている（写真：SEIBU Lions）

の結果が、現在の球場の姿です。

そうはいっても、現在もグループ会社から協賛金を得ているのは事実です。ただしそれは、昔のように「親会社なのだから球団に広告を出稿して、支援するのは当たり前」という意味合いではまったくありません。ライオンズが西武グループのイメージリーダーであることから、その費用に見合う広告効果があることが前提です。

さて、こうした法人向けビジネスを展開するには、球場への来場者が多くなくてはいけません。それによって試合の価値が高まり、年席や看板を買いたいと思う会社が増えるからです。

そう考えると、すべての収益の軸になるのは、あくまでも観客動員なのです。

強さやスターに依存せず顧客満足度を上げる

福岡を本拠地にしていたライオンズ（西鉄→太平洋クラブ→クラウンライター）は、所沢に移転して西武ライオンズとなった1979年シーズン以来、人気、実力ともパ・リーグをリードする球団になっていきました。

広岡達朗監督時代の1982～85年の4年間はリーグ優勝3回、日本一2回。森祇晶監督時代の86～94年は9年間で5連覇を含むリーグ優勝8回、日本一6回の黄金期でした。95～01年の東尾修監督時代の7年間も優勝2回（日本一はなし）、優勝を逃した年もすべてAクラスで、ほとんどのシーズンで優勝争いに絡んでいました。

しかし、それほどまでに強くても入場者数は91年の198万1000人をピークに、96年には最少の129万5000人（ピーク時の約65％）まで落ち込みました。

松坂投手らの活躍で少し盛り返していた04年でも164万9000人（ピーク時の約

83％）にとどまっていました。強くてもスター選手がいても、お客さんが集まらないという時期があったのです。

また、たとえ強ければお客さまが入るのだとしても、野球というスポーツは、どんなに強くても勝率は6割までいきません。勝っても負けてもチケット代は同じ。それなら、チームの強弱や試合内容のほかに価値を感じてもらえる「何か」を乗せていけばいい。それがファンサービスの原点です。

チームが強いこと、スターが存在すること。たしかにそれは観客動員に大きく影響します。でも、それだけに依存しないで「顧客満足度」を上げることが重要ということです。

現在は多くの球団で掲げている、「地域密着」という考え方も、広い意味でのファンサービスです。ライオンズも、より地域との密着性を高め、それを表現するために、2008年からチーム名に「埼玉」をつけ、埼玉西武ライオンズになりました。

当時は、「所沢」なのか「埼玉」なのか、どこに向かって「密着」するのかが議論になりました。

最終的には埼玉県全域と西武線沿線にしっかり根ざすことでまとまりました。大宮で試合を行うようになったのもこの時からです。

まさにその08年、新たに就任した渡辺久信監督が率いてチームは優勝、勢いに乗って日本一に輝きました。入場者数も前年の約109万3000人から約141万3000人へと約3割もアップしました。そして、事業で得た利益をどんどんファンに還元していこうという現在のスタイルに拍車がかかったのでした。

チケット代にどれだけ新しい付加価値を乗せられるか

その方向性の上に、インフラの整備があります。

メットライフドームへのアクセスは、ほとんどの方が西武球場前駅（西武鉄道・狭山線または山口線）を利用されています。自動車やバスを利用する場合も駅の方向から球場へと近づくことになります。

そうするとお客さまはセンター側から入場することになり、料金の安い外野席が駅から一番近い。逆に、最も料金が高いネット裏が一番遠くなっています。

さらに、すり鉢状にえぐった形の構造ですから、料金が最も高いグラウンドレベルに近い席へは、階段をずっと下まで降りていかなくてはなりません。

現在は違うのですが、かつてはトイレや売店といった設備も最上段の通路にしかありませんでした。

その上、「どこからでも観やすい」のがメットライフドームの特長です。ですから当時は、これらが理由で高額席が売れないという仮説が立てられていました。「安い席でもよく見えるし、便利だからここでいいや」となってしまうと。

そこで2008年オフの球場大規模改修では、内野席周辺を重点的にバリューアップする工事を実施しました。

ホームベース寄りのエリアに飲食店やトイレを新設し、プレミアム感のあるグループ席「ダグアウトテラス」も設置しました。

一番いいところですから、座席をぎっしり詰めこみたいところですが、そうではなくて、とにかく必ずお客さまに入っていてほしい。球場によっては、特別席やグループ席を少し観にくい場所に設置するケースもあるようですが、メットライフドームの場合はできる限り選手に近い、最高のところから観てもらえるようにしました。

三塁側をホームにしたのもこのタイミングです。これには私も関わりました。札幌ドームや当時の宮城球場でも三塁側がホームでしたが、まだ一般的には「ホーム＝一塁側」というイメージが強かったと思います。

単純に他球団の真似をしたということではなく、そのほうがメリットがあると主張したのです。

内野ゴロからの一塁送球を追うテレビ映像を思い出してもらえるとわかると思いますが、中継のメインカメラは一塁側の上、右打者を撮るカメラは一塁側のダグアウト横にあります。当時、そのカメラが映し出す背景は、ガラガラに空いている三塁側内野席でした。これはいかにも印象がよくありません。

同じ映像でも、背景が空席の目立つスタンドであるのと、ライオンズファンで埋まっているスタンドであるのとでは大違い。映像の印象がガラッと変わります。それに、グッズショップや当時中華料理店の入っていたビルが、レフト側にあったこともメリット

2020年にオープンした「グリーンフォレストデリ&カフェ」の内観（写真：SEIBU Lions）

のひとつ。お客さまの動線が変われば、売り上げにも影響があると考えたのです。

　グッズや飲食店も立派なファンサービス。現在では球団にとっての大きな収益源になっています。

　今では工夫を凝らした選手オリジナルグッズなどたくさんのグッズがあるのが当たり前ですが、その当時はほんの一部の選手のみ、Tシャツやキャップなどの背番号グッズがあるくらいでした。

　飲食にしても、昔は野球場にありがちなものが揃っていましたが、今では「メットライフドームといえばグルメ」と言われるほど、多くの種類と美味しさを誇っています。球場でしか食べられない、季節感のある売れるメニューを、私と同じく球団で働く飲食チームのメンバーががんばって揃えています。

２０２０年にも、大型フードエリア「グリーンフォレスト　デリ&カフェ」が三塁側に、一塁側にクラフトビールやオリジナルピザなどが味わえる「クラフトビアーズ　オブ　トレインパーク」がオープンしました。

どの球団もファンのみなさんに喜んでもらえるように、その価値を高めてきた——それがこの15年間の変化だと思います。

自前で映像をつくるメリット

先ほど、収益性向上の例として、シーズンシートの販売や看板の広告営業について、グループ会社による委託販売から、自前の法人営業に変更したことを紹介しました。

実は同じような変化が、映像コンテンツの制作にもありました。

かつては、放映権を買ったテレビ局が中継映像を制作し、放送するのが当たり前のスタイルでした。おそらく多くの方は、現在もそうなのだろうと思っているのではないでしょうか。

しかし、現在のライオンズはそうではなく、球団が中継映像を制作しています。

つまり、「放送する権利だけ」を買ってもらうのではなく、権利ともども、自前で制作した映像も買ってもらうようになった――これが15年間に起きた大きな変化です。

もちろん、球団が映像制作自体のノウハウを持っているわけではありませんから、実作業はその道のプロの方に業務委託をしています。

ただし、球団が主体となって、その責任においてお金を拠出して、つまりリスクを負った上で中継映像を制作しているので、それに見合う対価を得るようになったのです。

それによるメリットはとても大きく、幅広いものがあります。

たとえば、ある選手が2000安打などの個人記録を達成するとしましょう。当然、球団としては初安打のシーンとか、節目となったヒット、思い出の名場面などを場内のビジョンで流したり、公式サイトに動画を掲載したりして、盛り上げたいところです。

ところが、各テレビ局が映像を制作し、権利を持っていた昔であれば、たとえそれが

2020年オープン戦での中継映像撮影の様子（写真：SEIBU Lions）

自チームの出来事であっても、球団が各テレビ局から使用する権利を購入する必要があったのです。

一方、自前で映像を制作し、権利を持つようになった現在では、球団はさまざまな場面で過去の映像を活用できるようになりました。どんどん映像を見てもらう形で、ファンサービスとして還元できるようになったのです。

自前で映像をつくって管理しておけば、逆に放送局に販売できるようになります。これも大きなメリットです。

地上波、BS、CSなど、ひとつの映像を複数の放送局に販売することが可能になります。

これにより、放映権収入を最大化できるのはもちろんのこと、露出が増えて、視聴者数を増やすこともできます。

これまでのように、それぞれの放送局が映像の権利を持っていると、ライバルである他の放送局から放映権を入手しなくてはならず、それには少なからず抵抗感があったはずです。

本来であれば全放送局で映像を流してくれてもいいような価値のある話題でも、伝えてもらえないことになってしまいます。

特定の放送局ではなく、球団が管理して販売する形であれば、各局とも放送しやすくなるはずです。

私たちにしてみれば、多くの局で放送してもらえれば、それだけ多くの視聴者に映像が届くのですから、そちらのほうがいいに決まっています。それが球場へ足を運ぶ「呼び水」にもなるのですから、いいことずくめなのです。

どのスポーツニュースでも同じ映像が使われる理由

球団による中継映像の制作は、テレビ局にもたくさんのメリットがあります。制作費が安くなることでトータルのコストを削減できるのが、最も大きいものでしょう。

ひとつの試合を2局で中継するとき、以前はそれぞれの局でカメラも中継車も、もちろん人も出していましたが、そうした出費を削減できます。

ニュース用映像の「流通経路」が変わったことも、テレビ局にとっては恩恵があったはずです。

現在、ライオンズでは、実際に放送された中継映像の「まるごと」だけでなく、生中継では放送されなかったものを含めて「ニュースで使えそうな映像」を、数十分にまとめたものをセットにして、購入を希望する各テレビ局に納めています。

その全部の映像の中から「1日当たり何分までなら自由に使っていいですよ」というプランで契約を結んでいるのです。

たとえば、山川穂高選手が逆転ホームランを打った日に、全局のスポーツニュースで同じ映像が流れるのは、そういうわけです。

テレビ局にとっては、制作スタッフを送り込むことなく、いつでも使える映像が割安で入手できるのですから、とても便利です。

球団にとっては、これまでにはなかった新たな収入源になりましたし、露出を増やす格好の宣伝材料にもなっています。

19年のリーグ優勝と千葉ロッテの厚意

入場者の少なさに悩んでいた当時はもちろんのこと、現在でも、パ・リーグのどのチームもビジターチームのファンの方々に球場に来てもらわなければ、スタンド1周360度を埋め尽くすことは到底できません。

そういう意味では、対戦相手のファンにも満足してもらい、リピーターになってもらうことは非常に大切なことです。

すべてのパ・リーグのファンにとって魅力あるリーグにしていこう。球団それぞれの競争とは別に、リーグ全体でまとまることで生まれるビジネスをやっていこう。そういう思いから、パの6球団出資によるパシフィックリーグマーケティング（ＰＬＭ）という会社が誕生しました。

ＰＬＭの誕生は、パ・リーグ各球団に大きな変革をもたらしました。事業の柱であるインターネット配信については後述するとして、パの各球団の交流や協力関係が強くなっていったことがもっとも大きな変革だと言えるでしょう。

最もわかりやすい例が、２０１９年のリーグ優勝のときです。

２０１９年、ライオンズの優勝決定試合は、千葉ロッテのホームゲームでした。当然、その試合の映像の権利は千葉ロッテ球団のものなので、ライオンズとしてはそれを購入するのが普通です。

でもそのとき、千葉ロッテから、「その1試合はいいですよ。優勝ですから、どうぞ使ってください」と言ってもらえました。

「胴上げシーン」は重要な商品ですから、昔だったらビジネスライクな対応しかできずに、ギスギスとした関係のもとになっていたかもしれません。

共同で行う事業も増え、一緒に盛り上げていこうというつながりが強くなったからこそのご厚意（ご祝儀）で、とてもありがたく思いました。

若年層へのアプローチとして欠かせないネット配信

現在、ＰＬＭにとって事業の核となっているのがインターネット配信の分野です。放映権ビジネスにおいて、インターネットは急拡大中の収入源です。

インターネット用コンテンツは、現在はパ６球団それぞれが制作した映像とインターネット配信権を、いったんＰＬＭがとりまとめています。

つまり、パ６球団が主催するすべての試合について、ＰＬＭがインターネット配信権を販売する権利を持っているのです。

その結果、現在は「パーソル　パ・リーグＴＶ」「ＤＡＺＮ（ダゾーン）」「ＲａｋｕｔｅｎＴＶ」「パ・リーグＬＩＶＥ」という４つのサービスが、パ・リーグの全試合をインターネット上で配信しています。

放映権の販売によって得た利益は、ＰＬＭから6球団に分配される仕組みになっているのです。

各サービスの契約者数は右肩上がりに増えていて、パ・リーグファンが野球中継を見る手段としてインターネットが定着してきているのは間違いありません。

私のような40代後半の世代では、娯楽としてのテレビの存在感は絶大でしたが、現在の若年層の状況は違うようです。

さまざまな調査により、若年層ほどテレビの視聴時間が少なく、逆にインターネットやＳＮＳに時間を費やしていることが立証されています。

プロ野球界にとって、若い人へのアプローチは重要な課題ですから、インターネット配信は非常に重要です。

ネット配信と観客動員の関係性

インターネットによる情報発信は、おそらく来場者にも影響しています。

これには、「ネット」と表現したときに意味するものが、これまでの自宅で見ていたPCから、場所を選ばないスマートフォンやタブレットに変わってきたことによる変化が大きいでしょう。

インターネットを通じたプロ野球の楽しみ方は、配信される中継映像を見るだけではありません。

電車内で「一球速報」のようなサイトをチェックしているプロ野球ファンはたくさんいます。そうした情報を見て、球場に行ってみようかな、行きたいなと思う人も一定数いると思われます。

チームの状態や、試合展開、出場している選手をネットで見て、「行きたい！」という感情につながることは十分考えられると思うのです。

ネットが「リアルの臨場感」を求めたくなる仕掛けになっている可能性が高い、ということです。

それに近い存在が、昔からあるラジオというメディアです。かつては会社から帰る電車内で小型ラジオのイヤホンで野球中継を聴いている人も多く見かけましたが、その威力は決して衰えていません。

インターネットでラジオが聞ける「ｒａｄｉｋｏ」によって、ライオンズ戦を中継する文化放送やＦＭ ＮＡＣＫ５がスマートフォンで聴けるようになっているからです。

肖像権ビジネスはセ・リーグとの連携も進む

私の担当業務の場合、ＰＬＭとの接点はあくまでも中継映像に限られていますので、ＰＬＭが行っているほかの取り組みについては私の立場でこれ以上詳しく説明することはできません。

ホームページを見てみると、リーグビジネスの経験を生かして、事業の幅を広げているのがわかります。

たとえば、他競技を含めたスポーツビジネス向けのコンサルティングを行ったり、スポーツビジネスに就職したい人を支援する業務を行ったり、アスリートのマネジメントを行ったりと、多角的かつ精力的に取り組んでいるようです。

このあたりは、パ・リーグの親会社やスポンサーに数多い、IT系企業の参画が強みになっているように思います。

こうしてPLMの話を取り上げると、読者の中には「セ・リーグはどうなっているの？」と気になる方がいるかもしれません。

正直なところ、私は現役時代からパ・リーグ一筋で、かつライオンズ以外の球団のことは詳しくわかりません。

でも、セとパの間で意思統一がまったくなく、お互いにバラバラということは決してないと思っています。

たとえば、ライツビジネスのうち、コンピューターゲームやトレーディングカードといった肖像権に関することは、すでにNPBが12球団のとりまとめ役になって推進するようになっています。

ただ、セ・リーグの場合は、親会社がマスメディア企業というチームがありますし、地元メディアとの関係性が強固であるために、あえて自前で中継映像を制作していないチームもあります。

そのため、現在のところは映像コンテンツでリーグビジネスを展開していく形になっていないのが実情です。

将来、どのような形になっていくのか断言することはできませんが、パ・リーグ6球団がまとまることでビジネス領域を拡大したのと同じように、セ・パ12球団がビジネスの上でもさらに結びつきを強めていくことで、さらなる収益拡大が目指せる可能性はあるのではないかと思います。

「ボールパーク」の意味するもの

日本のプロ野球は、野球発祥の地であるアメリカMLBに多くを学んで発展してきました。近年、多くの球団が取り組んでいる「ボールパーク化構想」も、アメリカから生まれた流れです。

日米で、あるいは時代ごと、球団ごとに、「ボールパーク」の定義は違っているようです。そもそもアメリカでは、単に「野球場」という意味でした。

日本でも以前は、思い思いにスタジアム体験を楽しんでいるメジャーリーグの野球場への憧れから、「メジャーっぽい球場」というくらいの意味で「ボールパーク」といっていたようです。

その先鞭《せんべん》をつけたのが、グリーンスタジアム神戸（現・ほっともっとフィールド神戸）です。イチロー選手が日本のプロ野球にいた当時、オリックス・ブルーウェーブが本拠地にしていました。

スタジアムの設計や、スタジアムDJが試合を盛り上げる演出などで「メジャーリーグっぽさ」を強調。２０００年には「ボールパーク構想」と称して、内野にも天然芝を配し、よりMLB的な印象の球場になりました。

本家MLBでは94年から95年にかけて労使の対立が激化して、ストライキが勃発。双方が自分勝手な理屈を主張し、置き去りにされたファンからそっぽを向かれた時期がありました。その後コミッショナーに就任したバド・セリグ氏の経営手腕もあって、MLBは危機を乗り越え、発展の一途を遂げていきます。

その時代から「もっとファンをよろこばせよう」という方向に、スタジアムもどんどん生まれ変わっていきます。

「勝った負けた」ばかりに意識がいきがちなコアなファンだけでなく、ライトな層にもファンの裾野を広げるために、スタジアム体験自体を楽しいものにしよう。そんな取り組みが行われるようになります。

各種のファンサービスが充実し、各球場とも球場内にさまざまな「お楽しみ」を設けるようになってきました。

さらにその流れは球場の外へと広がり、スタジアムを中心とした大きなレジャー施設が次々と誕生します。ＭＬＢの人気は盛り返し、地方の自治体がこぞって新スタジアムの誘致合戦を繰り広げるようになりました。一時はファンにそっぽを向かれたＭＬＢが、現在では地域産業活性化のキーになっています。

こうしたアメリカの流れを受けて、現在日本で「ボールパーク」というときは、単にアメリカ仕様のスタジアムというだけでなく、周辺エリアも含めたレジャー施設、あるいは野球以外の目的のファンをも楽しませるような総合的な施設といった意味合いを持つようになっています。

多くの球団で進む「ボールパーク化構想」

これまでのスタジアムが野球やコンサートなどエンターテインメント興行を行うためのハコであったのに対して、ボールパークではそれ以外の「お楽しみ」も提供して、スタジアムを中心としたより広いエリアでより大きい「にぎわい」をつくる。

野球ファンのボリュームゾーンである30～40代の男性だけでなく、カップル、子ども連れ、三世代ファミリーなどが安心して楽しめる場所にする。

２００５年シーズンから参入した東北楽天ゴールデンイーグルスは、こうしたＭＬＢの新しい流れを受けて、当初から計画的に本拠地・宮城球場（現＝楽天生命パーク宮城）や、その周辺をボールパーク化する構想を発表していました。

２００９年に開場した広島東洋カープの新しい本拠地・ＭＡＺＤＡ Ｚｏｏｍ－Ｚｏｏｍスタジアム広島も、球場周辺を含めＭＬＢの新しい流れを随所に取り入れたものでした。

北海道日本ハムファイターズが２０２３年シーズンから本拠地として使用する予定の

新球場も、周辺施設とともに「北海道ボールパーク」と称して計画を進めているようです。

少々余談にはなりますが、この「ボールパーク化」は新しいようで古くからある考え方でもあります。東京ドームを中心に、ホテルや都市型遊園地、商業施設、飲食店街、スポーツやスパ施設などを展開している「東京ドームシティ」は、まさにボールパークといえます。

東京ドームの前身である後楽園球場の開場が1937年、後楽園ゆうえんちの開場が1955年ですから、アメリカの流れよりずっと前からボールパーク化していたといえます。

そういった意味では、1979年に開場した西武ライオンズ球場（現＝メットライフドーム）も、当初から「ボールパーク」的な要素がありました。

エリア内に59年開場のインドアスキー施設・狭山スキー場があり、また51年開場のユネスコ村（現・ところざわのゆり園）と隣接していて、さらに1キロとちょっと離れてはいますが西武園ゆうえんちや、埼玉県立狭山自然公園とも近接していたからです。

2019年から使用している新しい若獅子寮（写真：SEIBU Lions）

メットライフドームエリアの大改修

それはともかく、ライオンズでは、所沢移転40周年記念事業として、ドームエリアの大改修を２０２１年３月まで行っていました。

「育成の西武」にふさわしいトレーニング環境の整備と、自然豊かで四季折々の風情が楽しめるボールパーク化が２大コンセプトです。

まず育成についていえば、老朽化した室内練習場や選手寮を建て替えました。12球団最大級の広さ（内寸50メートル四方）を誇り、メットライフドームと同様の人工芝

2021年にオープンした「アメリカン・エキスプレス　プレミアムエキサイトシート」（写真：SEIBU Lions）

を導入したライオンズトレーニングセンター（室内練習場）には、ブルペン5レーン、バッティング4レーンの専用ゾーンを設置しました。

それに併設した4階建ての選手寮「若獅子寮」には、28室の選手居住スペースを用意。トレーニングルーム、温浴施設、食堂など、若手が野球に集中できる環境を整備しました。さらに、監督室、所属選手全員のロッカールーム、ミーティングルームに加え、データ・映像分析ができるスコアラールームも設置しています。

また2020年には西武第二球場のバックネット裏のスタンドに観客席を新設、レフト外野エリアその周辺にサブグラウンドやブルペンも増設し、併せてネーミングライツとして「CAR3219 FIELD」と命名しました。

一方の「ボールパーク化」は多岐にわたります。バックネット裏ボックスシートの下を掘り下げ、フィールドを見渡せる「アメリカン・エキスプレス プレミアムエキサイト™シート」が2021年シーズンから稼働予定。これまでにない臨場感で試合を楽しむことができます。

また、以前は当社事務所と飲食店が入っていた獅子ビルをリノベーションしました。2階には大型フードエリア「グリーンフォレスト デリ&カフェ」をオープン。約230席の客席を設けた今までの野球場にはない大規模なフードエリアです。インテリアやメニューの開発には女性の意見を多く取り入れ、居心地のいい空間になりました。もちろん、食事をしながらモニターで野球観戦を楽しめます。

3階にはリノベーションに伴い一時休業していたキッズスペースを「テイキョウキッズルーム」としてリニューアルオープン。ごっこ遊びエリア、アクティブエリア、ベビーエリアと3つのエリアで構成され、お子さまの年齢やニーズに合わせて利用できます。

さらに、新設したビル内にはアミューズメントやフォトサービスを中心としたグッズショップを設けました。

三塁側コンコース周辺を改修し、獅子ビルとドームを繋ぐ「DAZNデッキ」が誕生。獅子ビルへのアクセスがしやすくなり、開放的な空間ができました。三塁側には、さらに約1000平米の屋外こども広場「テイキョウキッズフィールド」も登場予定です。

この他、駅を降りた瞬間から、ドーム周辺の隅々まで、野球場のワクワクが感じられる改修になっています。それだけでなく、場内ビジョン、音響、照明設備の刷新や、スマホチケットの利便性向上などを軸にしたスマートスタジアム化の加速にも取り組み、観戦満足度の向上に努めています。

お客さまからは見えない部分では、ドーム内ダグアウトに空調ダクトを新設し、暑さ対策を行ったり、オフィス棟を新築したりと、働くスタッフの環境も大きく改善されました。

日本のスポーツビジネスの頂点にあるともいわれるNPB。その球団のひとつとして、どこにも負けない設備を持っていることは誇りに感じますし、モチベーションアップにもなっています。

ナイター開催日は終電近くまでみっちり

さて、ここでメディアライツグループのうち、私が担当している中継映像の制作と放映権の販売に関して、一日の仕事の流れを含めて詳しく紹介していきます。

先述したように、例年11月から2月の間にほぼ年間売り上げの大半が決まってしまう特殊な部署なのですが、それ以降は、先物で契約した「中継映像」という商品を、しっかりと価値ある形にして納めるのが私たちの仕事になっていきます。

ここからは、主催試合が開催されるシーズン中のある一日を再現してみます。

ナイトゲームがある日は、勤務が夜遅くまでになります。その代わり、出社時刻も昼過ぎです。

出社後、まず試合開始2時間半前に、その日放送していただける放送局と打ち合わせを行います。この打ち合わせで、放送局の意図を把握し、きちんと連携が取れるように確認します。

全国同じ内容を放送しているインターネットとCSの場合は、球団が制作する映像をそのまま放送することになりますが、地上波とBSは放送局によってはライオンズ球団制作の映像に独自のアレンジを加えるケースもあります。

ビジターチームのダグアウトや選手を映しておくカメラを置いたり、CGなど画面の表示を独自のものにしたり、独自の実況アナと解説者を立てたりといった具合です。

試合開始2時間前になると、技術スタッフと制作スタッフ、合同の打ち合わせが始まります。球団からのお知らせや、イベントの紹介などを挟むタイミングを決めたり、この試合で絶対に強調したい重要なポイントを確認したりします。

同一カードが3連戦で行われることが多いので、前日の反省を踏まえて、今日はどういう中継にしていくかといった改善方法の意見交換をしたりすることもあり、このスタッフミーティングはとても大切な時間です。

もしその日、二軍の試合がＣＡＲ３２１９ ＦＩＥＬＤで行われていれば、そちらの動向もチェックしておきます。ファンのみなさまに喜んでいただけるような若手の活躍情報などがあれば、一軍の中継の中にそのシーンを盛り込みます。

試合が始まった後も気が抜けません。制作スタッフや放送局の方と一緒に、モニターで中継映像と音声のチェックをします。映っているもの、聞こえてくる音に異常がないか、何か気になったことがあれば、ささいなことでもメモをしておきます。Lビジョンの制作担当、球団のオフィシャルウェブサイトの担当、広報、スタジアム運営担当とも常に連携を取り、トラブルへの対応はもちろん、試合の状況に応じた中継映像を制作しています。

ですから、試合中にどんなことがあったかは見ているのですが、野球の試合を楽しむという種類の観戦ではありません。

試合終了後の反省会では、メモをしておいた中継映像をチェックして気づいたことを確認し、次回に生かせるようにします。

その後は、ニュース用映像の送信があります。これは、前章でも触れた放送では使われなかったものを含めて、ニュースの素材として使えるかもしれないという映像を20～30分くらいにまとめてもらったもの。それを送る作業が終わると、ようやく一日の仕事は終わりです。

社員の人数が増えて働きやすくなっている

このように挙げていくと、何から何までやっているように思われたかもしれません。でも、映像を販売するからには、制作にもしっかり携わっていないと気が気でないというのがあります。これは私の性分かもしれません。

この仕事を始めて2年。ようやく慣れて、仕事は面白いです。はじめのうちは仕事をこなすことで精一杯で、まったく余裕がありませんでしたが、今は「もっと視聴者に野球の魅力、ライオンズの魅力、メットライフドームの魅力が伝わる中継ができないかな……」と模索しています。

技術的な部分はわからないことも多いのですが、たまには関連する産業の見本市などにも出かけたりして、中継映像に新風を吹き込めないかといろいろと情報を仕込んだり、考えたりもしています。

ここまで読んでいただいて、もしかするとものすごい激務のように感じたかもしれませんが、決してそんなことはないと思います。

現在、私の所属するチームは3人。ひとりは肖像権関係が中心で、中継映像のほうは私を含めてふたり。契約に関する業務は私がメインであり、もうひとりの担当は二軍にも目を光らせます。

シーズンが始まれば、もうひとりの担当とシフトを組み、調整しながら交代で休みを取っています。

「働き方改革」についての意識はライオンズの中にもしっかり根付いており、規定に従った勤務時間になっています。

休む時と働く時のオンオフはしっかりできています。

第3章　プロ野球選手になるまでの話

父親の「計略」にはまってリトルリーグに入団

この章では、私が経験した「第1のプロフェッショナル」である、プロ野球選手になるまでについて、幼少期から振り返ることにします。

といっても、偉そうな「自伝」を記すということではなく、ライオンズの社員になるまでに、自分自身が何を考え、何をやってきたのか、そしてそれを導いてくれた周囲の環境がどのようなものだったかをお話しすることで、本書のテーマのひとつである、「なりたい自分になる」ということが明確になると思った次第です。

ものごころついた頃から野球をするのが大好きでした。福岡県出身の父は高校まで野球をやっていたこともあり、兄と私に野球をやらせたいと思っていたようです。幼稚園の頃から河川敷のグラウンドでキャッチボールをして遊んだりしていました。

今は公園などでボールを使って遊ぶことが制限されているとよく耳にしますが、当時は家族や友達とそここでキャッチボールをしているのが当たり前の光景でした。

そんな流れで小学校2年生の秋に、住んでいた東京都八王子市にあるリトルリーグに入団しました。兄はボーイスカウトに入って活動していました。どうやら兄のときにはリトルリーグのチームが近くにあるのがわからなかったようです。

「野球ができるところがあるから一緒に行こう」

そういって連れて行かれたリトルリーグの入団テストは、父にだまされて行ったようなものでした。当時は野球人口も多く、入団希望者も多かったようで、プロ野球の入団テストさながら、走る、投げる、打つといった基礎的な能力で合否判定されました。英才教育というほどのものではありませんでした。

突然の入団テストではありましたが、「野球ができるところ」に行ったのはそのとおりで、無事に合格することもできました。野球が好きだった私にとっては、何の文句もない、うれしい「計略」でした。

レベルの高い環境に恵まれる

現在でも首都圏では同じ状況だと思いますが、少年のうちから硬式ボールを扱うリトルリーグは、ある意味で野球エリートの集団でした。

父は審判、母は子どもたちのケア。自律を学んでいる兄はボーイスカウトに任せて、両親は毎週土日に私についてくれました。兄には申し訳ない思いがありました。

リトルリーグは大まかに上級生主体のチームと下級生主体のチームをつくるのですが、ひとつ「飛び級」のような形で先輩たちが主体のチームに組み込まれました。その形は学年が上がっても毎年同じで、常にレギュラーでした。そうしたことで両親はますます期待をかけてくれて、献身的に支えてくれたのだと思います。

普通、リトルリーグの活動は週末だけで、平日は各自で練習というのがほとんどだと思いますが、4年生のときの監督は、本気度が違いました。自宅の広い駐車場にブルペンとティーバッティングができる小屋を建てて、月曜以外の平日も選手を集めて練習をやっていました。

近所の友達は放課後の校庭で遊んでいたようですが、その輪に加わった記憶はありません。まさに野球漬けの毎日。でも、野球ができるのがうれしくてしかたがありませんでしたから、私にとっては最高の環境でした。

ポジションはまずピッチャー。リトルリーグは当時から投手の投げさせすぎには厳しく、連投できないという決めごとがありました。そのため、投げない試合ではサードを守っていました。ただ、サードの守備があまり上手くなかったため、小学校6年からピッチャーをやらない試合ではキャッチャーをやるようになりました。

そのときのチームでピッチングコーチ的な役割をしていた指導者の方は、長年社会人野球を経験されていて、私たちに配球を教えてくれました。

私がキャッチャーも楽しいなと思ったのは、そのコーチのおかげだったように思います。なんといっても、社会人野球レベルの考え方を小学生に本気で教えてくれたのですから。

何ごとにも、子どもには「子ども向け」というものがあり、好きになるまではそれが最適なのでしょう。でも、すでに本気になるくらい好きなことであれば、子どもであっても、大人向けの知識や情報でも子どもなりに吸収することができます。乗り物が好きな子、ゲームが好きな子、料理が好きな子、アートが好きな子……分野はさまざまですが、みなさんにも覚えがあるのではないでしょうか。私にとってはそれが野球であり、その中でも配球が好きでした。

小学生でもストレート、カーブ、スライダーといった球種を投げます。それをどの場所に投げさせるか。打者のタイプを見極めながら、打ち取るストーリーを組み立てていきます。試合の大事な場面ではベンチから配球のサインが出ることがありますが、私なりに考えていた組み立てとコーチからのサインが一致したときにはすごくうれしくなりました。コーチの考えと自分の考えがピタッと合った。チームメイトは誰も知らない私だけの満足感ですが、それだからこそうれしく、楽しかったのです。

右投げに矯正した

私は野球をやるのは大好きなのですが、プロ野球を熱心に見ていたかというと、そうでもありませんでした。

子どもの頃は、今のようにBSやCSといったたくさんのチャンネルがあったわけでもなく、テレビといえば巨人戦のみ。当時は颯爽《さっそう》と登場した原辰徳さんの人気が絶大で、私も「原辰徳モデル」のグラブを買いました。江川卓さん、西本聖さん、定岡正二さんが3本柱で、正捕手が山倉和博さんという時代でした。

ライオンズびいきの父は、本当はライオンズ戦を見たいと思いながら、巨人戦を見ていたのかもしれません。

世界規模で行われているリトルリーグは、東京で上位に入れば全国大会に進出し、そこで勝てば世界大会に出場することもできます。私たちも世界一を目標にしていましたが、東京3位が最高で全国大会に進むことはできませんでした。

中学時代もそのままシニアリーグ（八王子リトルシニア）で硬式野球を続けました。ただ、成長期特有のひざの痛みが出てしまい、キャッチャーはやらずに、ピッチャーとファースト、そして外野を守りました。

母親が運転する車に乗って、あちこちの病院に行きました。これ以降、私の野球人生は、常にケガとの戦いだったように思います。

ただ、自分の売りはバッティングだと意識したのもこの時期です。

私はもともと左利きでした。その後、箸を持つ手、字を書く手は右に矯正しました。

幼稚園の頃は両方の手で投げることができましたが、リトルリーグでは利き腕によってポジションの選択が狭まらないように右投げだけにしました。

左回りで走塁を行う野球の場合、一塁に近い左打者のほうが有利ですので、バッティングは当然左打ちのままにしました。右投げ左打ちの選手の多くは後天的につくられた左打者ですが、私の場合はもともと左打ちで、あえていうとつくられた右投げです。

一般的に右投げ左打ちのバッターは、インコースのさばきが難しいといわれますが、私は元々が左利きなので、そのあたりの違和感はありませんでした。

一方、練習環境は相変わらず恵まれていました。中学時代の監督は、東京の強豪校・日大三高出身で甲子園で準優勝を経験していました。また、バッティングセンターを経営していたので、毎日行けば10セット以上打たせてもらえました。練習をしているというより、バッティングセンターに遊びに行っている感覚でした。

私と同い年のイチロー選手が、お父さんと一緒にバッティングセンターに通って練習していたというのは有名な話ですが、まさに私も同じような状況にありました。

私の野球技術のベースは小中学校時代につくられたものです。プロ入りしたあとも、基本的な部分はほとんど変わっていないといえます。

優れた指導者と厳しい指導

中学時代もほとんど毎日野球漬け。練習はきつかったですが、それでも野球がイヤになったということは一度もありませんでした。もちろん自分が本当に野球好きだったというのもありますが、指導者が献身的に環境を整えてくれて、うまく上達に導いてくれたから、日々、野球は面白いなあと感じることができたのだと思います。

指導は厳しいものでしたが、それさえもレベルの高い厳しさだと感じていました。ミスひとつとっても、仕方のないミスとそうでないミスの区別をして、指導していました。同じトンネルでも、途中で目をパッと切ってしまったプレーなのか、それともしっかり捕球しに行ったもののタイミングを合わせそこなったものだったのか。これは仕方ないもの、これはダメなもの。それをよく見極め、区別をして指導してくれていました。やるべきでないプレーには厳しい叱責がありましたが、その理由が理解できていたため、叱られるという恐怖によって縮こまるようなことはありませんでした。

私は本当に指導者に恵まれていました。おそらく多くのプロ野球選手が同じように指導者への感謝を述べるでしょう。

私を指導してくれた方々には、共通点がありました。

まず、自分自身に成功体験があること。甲子園出場やプロ野球選手を目指す子どもたちにとって、ハイレベルの野球をやっていたという実績は、この人のアドバイスを受け入れることで自分が成長できると感じさせる信頼につながります。

逆にいうと、どのような仕事であっても成功体験があるのであれば、後進にとっては参考になるということですから、先輩は教えること、伝えることに躊躇《ちゅうちょ》しないのが大事なのではないでしょうか。

次に、情熱的、献身的であること。リトルリーグ、シニアリーグの指導者たちは、自分の時間や空間、そして私費を子どもたちの野球指導につぎ込むのですから、大変なことです。情熱がなければ、いや、情熱があってもなかなかできることではありません。

そして、論理的、合理的であること。子どもであっても、ただ実績を誇っているだけの指導者には信用を置きません。言っていること、やっていることが理解できて、それをカッコいい、すごいと思えば、どんなに要求が高くても、それに近づきたいと努力できます。私はまさにそんな指導者たちに恵まれたのでした。

桐蔭学園に進学した理由

シニアリーグでの戦績は、2年生のとき全国3位になりました。優勝を狙った3年生のときは、全国大会には進めたものの初戦敗退に終わりました。

高校進学を考える時期になり、全国を意識しながらほぼ毎日野球漬けだった私が考えることは、当然のように「甲子園出場を狙える高校に行きたい」でした。

もうひとつの願望は、東京六大学で野球をやりたい、さらに欲をいえば早慶戦に出たいというものでした。そう思うようになったのは、親の影響かもしれません。あらたまって言われたわけではないのですが、大学まで行ってほしい、東京六大学でプレーしてほしいというのが言葉の端々にあったように記憶しています。その当時は、NHK地上波でテレビ中継をしていて、早慶戦の白熱した雰囲気に私自身も憧れを覚えました。

そういう意味では早稲田実業や慶應義塾高校を目指すのがベストなのかもしれませんが、正直なところそこまでの学力はありませんでした。

シニアリーグの仲間たちもみんな甲子園に行きたいという思いが強く、進路について話したりすることもありました。キャプテンだった選手が桐蔭学園（神奈川県）に行きたいと言っていましたが、西東京エリアに住んでいた私はよく知りませんでしたし、ピンときませんでした。

そんな中、中学3年の春、桐蔭学園はセンバツに出場しベスト4にまで勝ち進みました。これがキャプテンの志望校・桐蔭か——甲子園で躍進したインパクトには大きなものがありました。

調べてみると私の中学校にも桐蔭学園への推薦入学のルートがあること、桐蔭の卒業生には早慶はじめ東京六大学野球でプレーしている選手がたくさんいることがわかりました。

「桐蔭に行きたい」——進路の希望が固まりました。

当時は珍しかった「週一休み」

こうして進んだ桐蔭学園で甲子園を目指しました。野球部は全員が寮生活でした。もちろん初めての団体生活で、上下関係などさまざまなルールの中でやっていけるのだろうかと、不安でいっぱいでした。中学を卒業したばかりの私にとって、3年生はまるで大人に感じたのを覚えています。

私が在学していた間、たまたま寮が改装工事期間中でした。そのため、臨時のプレハブの元教室、11人部屋で3年間を過ごしました。

2段ベッドを取り囲むようにたんすが置かれ、椅子と机。1年生のときは、3年生が二人、同じ部屋に入るというのが決まりでした。

今思えばストレスフルな環境でした。朝から掃除があり、食堂での食事を準備し、もちろん、授業もあれば野球の練習もみっちりやります。日々、生活するのでいっぱいいっぱいでした。中には痩せてしまう選手もいました。

ただ、監督の指導方針は、下級生に労働を押しつけるということはなく、掃除もグラウンド整備も全員で行い、洗濯など自分の身の回りのことは自分でするのがルールでした。

今でこそ高校生にも「休養もトレーニングのうち」という考え方が導入されつつあるようですが、当時の高校野球では休みゼロが常識でした。高校野球をできる期間はあまりにも短く、やらなければならない練習があまりにも多いからでしょう。でも、桐蔭では月曜日は「治療に行く日」として、練習は休みでした。当時にしては珍しかったと思います。

もうその日は無理やりにでも治療の予定を入れて外出しました。学校にいれば、どこで上級生とすれ違うかわかりませんし、気が休まりませんから。

もちろん、不文律とか縦社会の理不尽さといったものもありました。ただ、それは社会に出れば多かれ少なかれ誰もが直面すること。子どもから大人へと変化していく高校生の段階で、規律というものをいち早く経験から学ぶことができたのはよかったと思っています。

私たちにとって高校野球は、「憧れの甲子園への挑戦」という夢でもありましたが、一方で、大学やプロ野球に行けるかという、結果によって人生が左右される現実でもありました。そういう意味では、すでにプロフェッショナルの入り口で生活をしていたといえるかもしれません。

高校1年からレギュラーに抜擢

高校に入学してすぐ、1年生ながら外野のレギュラーになり、3年生が引退した1年の秋からは正捕手になりました。我ながら順調すぎるパターンだと思います。

当時、桐蔭学園を率いていた土屋恵三郎監督はご自身も桐蔭出身で、在学中は正捕手として桐蔭学園を夏の甲子園初出場、全国優勝に導き、東京六大学野球（法大）、社会人野球（三菱自動車川崎）でも活躍していた方。今思えば、「1年生正捕手」に抜擢してくれたのは、長期的な計画でチームをつくろうとされていたのだと思います。とても多くのことを指導していただきました。

キャッチャーの守備では、捕球姿勢やステップワークによって捕ってからいかに強く正確に送球できるかの技術を反復練習しました。肩の強さには自信がありましたが、実際の盗塁の場面では、送球のスピードと同時に内野手が捕球してからタッチするまでの時間をいかに短くできるかが勝負。走者が走り込んでくるベースのコーナーに投げられるよう練習しました。

配球については、小学生のときに教えてもらったことに、自分なりの考えを加える形で、そのまま継続していたようなものでした。試合に出始めたころは監督からサインをもらうこともありましたが、やがて配球に関しては完全に任せてもらえるようになりました。

とはいえ、私が1年生からレギュラーになれた最大の理由は、バッティングを買われたからだと思います。

繰り返しになりますが、小学生時代から鍼《はり》治療を行っていたくらい、体自体は強いほうではありませんでした。それでもよく打てたのは、体の動きをコントロールするのが得意だったからだと思います。自分の体に合った体の使い方で、自分なりのスイングをつくり上げる。それにより、結果的にスイングスピードとバットコントロールが両立できました。

実は小学生のときからバッティングフォームを大きく変えたことはなく、高校に入ってもフォームについて何か注意を受けたことはありませんでした。

ですから、守備の反復練習もたくさんやりましたが、それ以上にバッティング練習に時間を割きました。得意の打撃を生かしてチームを勝たせる。そんな意識でやっていました。

2年生の夏が終わり3年生が引退すると、新チームのキャプテンに指名されました。勝つために必要なことは貪欲に実行する一方、勝つために必要のないことは制限する。自分自身の行動を律するのが私のやり方でした。

新チームには、私を含めて中学時代に全国に名前が知られた選手が何人もいました。自分たちなら甲子園に行ける――そう確信していました。

学園祭の日にまさかの敗戦

そんな意識が力みを生んでしまったのか、当時苦しんでいた腰痛の影響だったのか、私はそれまでの野球人生で最大のスランプに陥りました。自信を持っていたバッティングでまったく結果が出なくなってしまったのです。

その当時は、土曜日に1試合、日曜日に2試合というのが通常スケジュールでした。1戦目の内容が悪いと、相手チームが食事している間に練習する、そんなこともありました。

こんなに打てなくなるんだ……自分にとっては、かつて経験したことのない長い長いトンネルに感じられました。

今であれば原因をすぐに自覚できたと思います。私は無意識に左肩が下がりやすいタイプでしたが、当時はビデオで打撃フォームをチェックする環境もなく、また不調を自覚して、打ち方を修正する技術もありませんでした。どこが悪いのかわからないまま試合に臨んでいたようなものです。

そんな状況で最後のセンバツ出場に直結する秋季神奈川県大会が始まりました。ベスト16入りのかかった4回戦は、桐蔭学園のグラウンドで戦うことになっていました。しかもその日は学園祭当日。桐蔭学園のグラウンドには、たくさんの観客が詰めかけていました。

対戦相手は、県立秦野南が丘高（現・秦野総合高）。群雄割拠の神奈川県ですが、県立高校が上位に食い込んでくることはほとんどなく、大変失礼ながらその名を聞いたこともなく、まったくノーマークの高校でした。

試合は意外な展開で進みました。1回表に秦野南が丘が2点を先制。さらに3回にも1点を加え0対3とリードされます。その裏、桐蔭は2点を返し、さらに4回、6回と1点ずつを加えて4対3と逆転に成功。ところが7回に3点を取られて4対6と再逆転を許してしまいます。結局、試合終盤に両チーム1点ずつを取り合い、桐蔭学園は5対7でまさかの4回戦敗退となりました。

打力が持ち味のチームだったのですが、ある程度打たれたとしても、自慢の打線でひっくり返すということができませんでした。

私自身もスランプの真っただ中で焦るばかり。流れを変えることができないままに試合が終わってしまいました。

チームは空中分解寸前に

絶対に出られると思っていた甲子園。春がなくなり、残るは最後の夏のみ。私たちの自信は揺らいでいました。

その後、これまでどおりの練習試合をしていても、どこか虚ろな感じが隠しきれません。そのため当然、手応えも感じることができません。

このままでいいのだろうか。このまま続けていて、その先に甲子園はあるのだろうか。個々の選手たちの能力は間違いなく高かったのですが、それがチームとして機能していない――焦りが焦りを呼び、集中力を失い、チームとしてのまとまりもなくなっていきました。

同学年の中には、もうこのままやっていけない、寮を出たい、退部したいと口にする部員も現れてしまったため、このままでは取り返しがつかなくなると思い、同学年部員で集まり、それぞれの思いをぶつけあいました。

将来を期待された力のある選手、名を知られた選手ばかり。だからこそ、レギュラー、ベンチ入り、ベンチ外と処遇が決まれば、それぞれの思いがあります。

当たり前のことですが、レギュラーとそうでない選手とでは扱いが違い、練習の内容も違ってきます。それでも、新チームとしての出鼻をくじかれ、自信が揺らいでいるチームだからこそ、同じ方向を向かなければいけません。

しかし、当時の高校野球は12月から3月までは対外試合ができません。これからの長いオフ、こんな気持ちのままでいるのはつらい。それぞれの選手がそれぞれに焦り苦しみ、不満を抱いていました。

部活動だけでなく、生活までともにする全寮制だけに、苦しくなると逃げ場がなくなるというのもありました。

私はキャプテンとしてみんなの意見を聞き、それをまとめた後、私たちは寮の近くに住んでいた監督の家に行くことにしました。

それは今考えてもあり得ない行動でしたが、「もうそれしかない」と、ある意味で思い詰めてのことでした。

冷たい雨の夜、決起の直談判

冬の夜。外は冷たい雨が降っていました。

監督は、突然来訪した私たち18人を家に上げてくれました。前代未聞の選手による監督への直談判。主な内容は次のふたつでした。

① 全国の強豪校と練習試合をやらせてほしい。

② メンバーの選定をもう一度ゼロから見直してほしい。

練習試合は監督同士の関係性や、伝統的なお付き合いによって、だいたい毎年同じ相手と同じようなスケジュールで組まれることが多いのではないかと思います。当時の桐蔭もそうで、県外の強豪校との対戦はほとんどありませんでした。

残された時間で自分たちの実力を測るためには、翌年の春しかチャンスはありません。

そういう意味で①は、無理を承知のお願いでした。

自分たちは本当に力がないのか。私もどうしても腕試しをしたい気持ちでいっぱいでした。

②についても、監督の専権事項である選手起用について、再考をお願いしたわけですから、本当にあり得ないことです。しかも、選手として甲子園優勝を果たし、監督としてもすでにチームを甲子園に導いた実績のある偉大な監督。今思い返しても冷や汗が出る思いです。

でも、埋もれてしまっている選手にも目を向けてほしいという気持ちは私も持っていました。

監督は時間を割いて、私たちの意見を聞いてくださいました。

しかも驚くことに、私たちの無理な要望を、ほぼ完全な形で受け入れ、実現してくださったのでした。

1991年春、センバツ大会で準決勝に残った4チームのうち3チームと、大会が終わった直後にすぐ練習試合を組んでくれました。おそらく、いろいろなツテを頼って苦労して実現してくださったのだと思います。

試合結果は、勝ったり負けたり。それによって、自分たちが全国大会の舞台で十分に戦えるという自信を回復しました。

それと同時に、自分たちに足りない部分が何なのか、強いチームとの違いは何なのか、どういうピッチャーを打たなければ勝ち上がれないかも知ることができました。私たちにとって、この上ない財産となりました。

メンバー構成についても、いったんリセットして、同じスタートラインからの競争になりました。もうチャンスがないと希望を失いかけていた状態から、猛反撃する部員も出てきました。

激しい競争の中でチームが活性化し、しかも甲子園という目標を現実としてとらえて、もう一度みんなで同じ方向を向くことができるようになりました。

それだけでなく、練習内容についても、「おまえたちのやりたいようにやってみろ」と、自分たちで考えるようにと命じられました。それまでの「やらされている野球」から、「やりたい野球」へ。選手一人ひとりが責任感を持ち、大人として成熟しようとしていました。

会議などを通じて、目的を明確にし、そのための手順について意見を出し合い、意思を統一する――ビジネスの世界では当たり前のことですが、当時の高校野球の世界では珍しい出来事だったと思います。

監督がどのような気持ちで私たちの訴えを聞いたのか。そのことについて、その後お聞きしたことはありません。

でも、ひょっとしたら、まさかの秋季大会敗北から空中分解直前の状況を経て、自分たちで考えて行動したことによって、このチームは大きく変わる可能性があると感じてくださったのかもしれない、それで全力で応えてくださったのかもしれないと思うことはあります。

最後のピースだった〝1年生スラッガー〟

3年生に上がる年のオフ、私個人としては、スランプの原因が実感としてわかり、その矯正方法を監督に教わりました。ずっとそれに取り組み、また一段、ステップアップできた実感がありました。

レフトのレギュラーには、後にヤクルトスワローズ、オリックス・ブルーウェーブでプレーした2年生の副島《そえじま》孔太がいました。

チームも新1年生を迎えてさらに競争が激化。どんどん活性化していました。ショートとセンターはそれまで控えで定着していた選手たちが、3年になってからレギュラーを獲得しました。

とくにセンターは自他ともに認める「足が速いだけの選手」。ところが、チャンスをつかむためにセーフティーバントの技術を磨き、夏の神奈川大会では驚異の打率6割をマークしました。彼が9番打者、そして私が1番打者。この並びがうまく機能し、得点力がアップしました。

ところで、それまで私は3番を打っていましたが、新1年にものすごいスラッガーが入ってきたので、私が1番に回りました。そのスラッガーこそ、後にプロで大活躍する高橋由伸です。

打順変更のとき、監督がわざわざ私を呼び寄せて、「おまえが1番、高橋を3番にする。ふたりで1点取ってこい」と真意を説明してくれました。いわれるまでもなく理解していましたが、上級生を立ててくださったのだと思います。

その後、慶應義塾大学を経て読売ジャイアンツに入団し、1753安打をマークした高橋由伸ですが、やはり入学時からモノが違いました。

まだ体は細かったのですが、すでにバットの芯でボールをとらえる技術には目を見張るものがありました。とくにすごいと思ったのが、まるで「困ったらセンター前ヒットにすればいい」と考えているかのようなバットコントロールでした。

レギュラーのリセットにより、各ポジションは激しい競争になっていましたが、正直なところライトがやや弱く、定まらない状態でした。そこに天性のスラッガーである高橋由伸が加わったことにより、最後のピースがはまったように感じました。これでまた一歩甲子園に近づいた――私はそう確信していました。

激戦区神奈川を制す

夏の神奈川大会は、当時も今も出場校数が全国で最多。「激戦区神奈川」と呼ばれています。当時は、横浜商業、横浜、東海大相模といったところが桐蔭のライバルになるだろうと目されていました。

しかし、何が起きるかわからないのが高校野球です。ちょっとしたことがきっかけで試合の流れを失ってしまうこともあります。その怖さは、私たち自身が身をもって体験したことです。

一応、相手チームをビデオで研究したりもするのですが、データといえるほどの情報はありません。捕手として配球を組み立てるときは、相手打者の苦手なところを攻めるというよりは、投げているピッチャーのいいボールで勝負するしかないのが正直なところでした。

絶対的なエースのピッチングで勝ち抜いていくというのが高校野球の王道ですが、私たちのチームは少し違いました。

どの試合も必ず複数の投手による継投でなんとか相手の攻撃をかわして、打ち合いを制すというのがこのチームのスタイルでした。野球ファンの方であればご存じのとおり、継投のタイミングひとつで試合の流れは大きく変わりますので、監督は大変だったと思います。

また、不思議と「相性」があるのも野球ならではのことかもしれません。私たちはどちらかというと横浜商業や桐光のエースピッチャーを苦手としていました。

逆に、2年生が主体だった横浜にはなぜか分がよく、得意にしていました。そう考えると、組み合わせが非常に重要でした。

桐蔭は順調に勝ち進みますが、強豪のライバルも順当に勝ち上がってきています。迎えた準々決勝では、横浜と東海大相模が激突し、横浜が競り勝ちました。

そして桐蔭は桐光との対戦。ここがひとつの大きなヤマでした。しかし、桐光は主力投手にケガがあったようで、本来の調子ではありませんでした。そのスキをつくように中盤までに5対1とリードを奪い、猛追を振り切って5対4で勝ち上がりました。

準決勝の組み合わせは「横浜―横浜商業」と「桐蔭―武相」。

私たちは、相性の悪い横浜商業ではなく、横浜が勝ち上がってくることを願っていました。試合は大接戦になり、7回を終わって4点のビハインドと劣勢だった横浜が、8回と9回に驚異の猛攻で横浜商業を追い込み、ついに逆転サヨナラ勝ち。私たちもこれには「よし」となりました。

その試合の後、同じ横浜スタジアムで行われた準決勝第2試合。桐蔭の相手はダークホース的に勝ち上がってきた武相でした。それでも私たちは4対1で勝利し、ついに決勝に駒を進めました。この試合で私はホームランを打ち、勝ち上がるほどに、チームがどんどんまとまっていくのを感じていました。

夢の甲子園まではあと1勝。私たちは自信満々で横浜高校との決勝に臨みました。苦手の横浜商業でなかっただけでも楽な気分で戦えました。

決勝戦は2回表に大量6点を奪うなど、4回を終わって11対2と大きくリード。しかし相手は、甲子園の常連・横浜。いくら相性がいいといっても、そう簡単には終わりません。5回裏に2点を返され11対4、9回裏にも反撃に遭い11対7まで追い上げられました。

キャッチャーとしては気が気ではない試合展開でしたが、桐蔭学園らしく打ち合いを制して神奈川県の頂点に立つことができました。

チームが崩壊しかかっていた秋冬。最上級生の緊急ミーティングから監督への直談判へと向かったときには、本当にこの日が来るとは誰も思っていなかったでしょう。でも、あの苦悩があったからこそ、自分たちは「なりたい自分」になれた——チームメイトと歓喜を爆発させたとき、そんなことを思っていました。

純粋に野球を楽しめた夢の舞台

チームの成長は甲子園出場を決めても止まりませんでした。練習では最後の最後まで可能性を求めてがんばる選手がいました。その結果、甲子園に来てからレギュラー番号を奪った選手がいたほどです。個性豊かなメンバーがそろったチームは、勝つほどにまとまりを強くしていきました。

キャプテンとしての私は、言葉でみんなをまとめるというタイプではありませんでした。指示して何かをやらせるより、自分から率先してやってみせる、そんなタイプのキャプテンだったと思います。きっとチームメイトからは、勝負に徹する厳しい人間だと思われていたでしょう。

そんな私にとって、甲子園で過ごした時間はこれまでとまったく違うものでした。プロ野球選手になりたいという夢は、ある意味では自分の力だけでどうなるものでもない漠然としたものです。一方、甲子園に行きたいというのは、もっと具体的な目標であり、自分たちの力で確実につかみたいと考えていたものです。

それが実現できた達成感がありましたから、そこはもう「ボーナスステージ」のように感じていました。

桐蔭学園の甲子園初戦は、その日最後に行われる第4試合で熊本工高との対戦でした。グラウンドに入ったとき、自分の目線よりお客さんの目線のほうが低いのに驚きました。それまでも横浜スタジアムなどいろんな球場でプレーしてきましたが、他の球場にはないものでした。

いざキャッチャーとしてバッターボックスの後ろへ行ってみると、その周囲のファウルグラウンドの広さにも圧倒される思いでした。

今までに見たこともない景色が広がります。これが小学生の頃から思ってきた夢のグラウンドなんだなと思うと、楽しくて仕方がありませんでした。

だんだんと陽が傾き、試合の途中からは照明が点きました。それまでナイトゲームというのも経験したことがありませんでしたので、カクテル光線に輝く芝生の美しさにうっとりしました。

目標を達成したことへのご褒美——私はそんなことを考えていました。それまで、どうしても勝たなきゃいけない野球、勝ちたい野球をやってきました。もちろん、ここ甲子園でも勝ちたい。すごく勝ちたいけれども、そんなことより、ここにいる幸福感のほうがずっとずっと大きい。

責任感、重圧から開放されて、純粋に野球を、勝負を楽しむ。野球はいつでも大好きで、いつでも楽しくやってきたつもりでしたが、それとはまったく違う次元で野球を楽しんでいました。

その後、プロ野球の世界を経験したあとでも、いつでもあの感覚で野球がやれたら最高だろうなあと思います。

滞在期間も楽しい思い出です。宿舎は都道府県ごとに決まっていて、神奈川県勢はホテル竹園芦屋でした。初戦が終わって、2戦目までの間にみんなで近くの遊園地に行ったのを覚えています。

勝つために必要ではないことに対しては厳しかったキャプテンの私ですが、このご褒美の場所ではその必要はないと思いました。

最終的には3回戦、鹿児島実業にサヨナラ負けをして、敗退となりました。ただこの試合で、私はちょっとした「つめあと」を残すことになります。4対4の同点で迎えた9回裏、鹿児島実業の先頭打者が三塁線ギリギリを破る二塁打を放ちました。これが本当にきわどい当たりで、私にはファウルに見えました。ベンチを見ると監督が三塁塁審を指しています。私は、キャプテンとして三塁塁審に確認をしに行きました。

これは高校野球特別規則により、「審判委員に対して規則適用上の疑義を申し出る場合は、主将、伝令または当該選手に限る」と定められた正当なものでした。

私たちはその規則を知っていて確認をしたのですが、現実としてそのような行動は前代未聞であり、後になって監督が連盟から注意されたという話を聞きました。

それもまた思い出のひとつではあります。

退路を断って慶大入試に臨む

甲子園敗退とともに私の高校野球は終わりました。

次のミッションは大学進学です。高卒時にプロ野球のスカウトが着目していたのかどうかは、自分ではわかりません。監督はプロ入りするにしても大学を経てからのほうがいいというのが持論でしたし、私自身も進学を希望していましたので、そういった話はまったく聞こえてきませんでした。

東京六大学、できることなら早慶戦でプレーしたい——中学時代から希望していたことです。とくに慶應でプレーしたいという思いが強くなっていました。当時の私の目には、早稲田は昔ながらの「高校野球の延長線上」の野球、慶應はそれとは少し違う学生主体の野球に見えたことがその理由です。

慶應への指定校推薦はエース投手に決定したので、私はＡＯ入試で慶應に挑戦することを決めました。ほかの複数の大学から声をかけていただきましたが、秋に行われる慶大入試を最優先するためにすべてお断りし、退路を断ってチャレンジしました。

その甲斐《かい》あって無事に慶應に合格。入学してわかったことですが、外から見て感じた慶應の印象はまさにそのとおりでした。

当時、長期にわたって慶應の監督を務められていた故・前田祐吉さんのモットーは、「エンジョイ・ベースボール」。「野球学生ではなく、学生野球」と、学生の本分を大切にし、すべてにおいて学生が主体となるチームづくりをされていて、練習メニューも学生コーチを中心に学生たちで決めていました。

もともと推薦入学の選手が少ないのもありますが、監督は浪人生でも分け隔てなく平等に扱っており、実際に2浪した4年生がレギュラーになるというケースも珍しいことではありませんでした。

また、アメリカの新しい野球の流れも意識していて、初回から送りバントはせず、2番打者に強打者を入れるなど進取の精神にあふれているのも特徴的でした。

そんな環境下だったため、私もさらに成長することができたと思います。1年の春季リーグ時ではまだ大学野球のレベル、とくにスピードとパワーや、木のバットを使ったテクニックの点でも対応できていませんでしたが、全試合にベンチ入りし、秋のリーグでは慶應のリーグ優勝を経験することができました。

2年の秋も好調でベストナイン（外野手）に選ばれ、それがきっかけになり、12月に初めて全日本メンバーの合宿に招集されました。

現在、日本を代表する野球チームはプロを中心とした「侍ジャパン」ですが、1993年当時は社会人が8割、学生が2割といったアマチュアで構成されていました。以降は、春と秋の東京六大学野球のリーグ戦がないときは全日本の合宿に参加するようになりました。

一年中レベルの高い野球に触れられることで成長の機会が増えましたし、国際大会で海外遠征をしたのは貴重な体験でした。

プロ入りへの自信になったアジア大会決勝の一発

全日本メンバーに選ばれたことで、プロ野球に進むことがより現実的に感じられるようになりました。

一緒にプレーをしていれば、その人の実力というのはわかるものです。チームにいた社会人選手や学生の先輩がＮＰＢに行ったり、国際大会でしのぎを削ったアメリカや中南米の選手がＭＬＢのドラフトで指名されたりすると、今の自分の力でプロに通用するかどうかと考える指標になり、モチベーションになりました。

とくにプロに行けるという手応えを感じたのは１９９４年、大学3年の年でしょうか。春のリーグ戦ではキャッチャーとして活躍することができ、ベストナインに選ばれました。

日本代表では外野手としてプレーしていました。8月にはニカラグアで開催されたＩＢＡＦワールドカップに帯同。10月には、広島アジア大会に全日本メンバーの外野手として参加しました。

お互いに圧倒的な強さを示して勝ち上がった韓国との決勝戦は白熱の大接戦になりましたが、その試合で後に読売ジャイアンツでも投げた韓国のエース趙成珉《チョソンミン》からホームランを打ちました。この1本は大きな自信になりました。

この年は全日本で一緒にプレーしていた川尻哲郎さん（日産自動車→阪神タイガース）や、高橋建さん（トヨタ自動車→広島東洋カープ）らがドラフトで指名され、活躍するのは励みになりました。

翌95年、大学4年の年はアトランタ・オリンピックの予選がありました。これまでも述べてきたとおり、私は「なりたい自分」を描き、それを実現させるための戦略を実行するタイプです。

そのプランの中に、ポッと出て現れたのがオリンピックでした。当時のオリンピックは、アマチュアだけが出場するものでした。それも1984年のロサンゼルス、88年のソウルでは公開競技、92年のバルセロナで初めて正式競技となったところ。とはいえ、日本の競技レベルは国際的にも高くメダル候補。ファンも多い注目競技です。

全日本チームで中心的な存在になっていた私は、このままならオリンピック選手になることができそうなのですが、そこには大きな問題がありました。

オリンピックを捨ててライオンズへ

たとえば、同じく大学生として全日本に選ばれていた1学年下の今岡誠（東洋大↓阪神タイガース）であれば、大学4年生としてアトランタ五輪に出場できるので問題ありませんし、同い年で高校を卒業してから社会人でプレーしていた松中信彦（新日鐵君津↓福岡ダイエーホークス）であれば、社会人5年目で五輪に出場し、その秋のドラフト会議にかかればいいわけです。

ところが私の場合はそうはいきません。アマチュアとして五輪に出場するためには、大学卒業後にいったん社会人に入る必要があります。社会人1年目でオリンピックに出場するのはいいのですが、その年のドラフトでは指名されません。社会人からプロ野球に進むには、最低2年間は社会人チームに在籍しなければならないというルールがあるからです。

オリンピックに出場すると、プロ入りが2年遅くなる。私は自分に体力がないことをうすうす感じていましたので、その選択は違うと直感的に思っていました。

当時は、大学・社会人出身については事実上の自由競争（いわゆる「逆指名」）で、各球団2人まで獲得できるルール。私にもお声がかかっていました。

オリンピックははじめから考えていなかったこと。縁がなかったと諦めて、少しでも早くプロに入る——それが私の出した結論でした。

逆指名する球団として西武ライオンズを選択する決断をしました。それは、意外なほど悩まずに、すんなり決めることができました。

両親が福岡県出身で、西鉄ライオンズを応援していたこと。生まれ育った八王子からもっとも近く行きやすかったのが西武球場。子どもの頃からなじみのある球団だったこと。

そして、最も大きかったのは、ライオンズから「キャッチャーとして考えている」と言ってもらったこと。自分としては、とくにそこにこだわりがありました。

もちろん、当時のライオンズには伊東勤さんという不動の正捕手がいらっしゃいましたが、各球団ただひとつ、プロ野球全体でも12人しかいない正捕手は、競争で奪うしかないポジションです。チャレンジしたい気持ちが強くありました。

といいつつも、プロ入りについては不安もたくさんありました。とにかくプロのアスリートとしては体が弱いのが最も大きい不安の種。それほど長くはできないのではないか。引退後はどうするのか。

はじめから安定的な職業に就いたほうがいいのではないか……と、今さらどうすることもできないことを考えたりもしました。

野球に打ち込む私を、ここまで全力で支援してくれた両親ですが、たぶん考え方は私と同じだったと思います。正しくは、両親のものの考え方が、知らず知らず私に影響を与えていたのでしょう。おそらく、両手をあげていってらっしゃいと送り出すような心境ではなかったと思います。

プロ入り決定は、子どもの頃からの夢がかなった瞬間であり、また同時に将来への巨大な不安を背負った瞬間でもありました。

マウイ・キャンプでプロのスピードを体感

キャッチャーで勝負するといったものの、正直なところ確かな戦略があったわけではありません。インサイドワークや投手を引っ張る力では伊東さんの足下にも及びません。とりあえず私の武器はバッティングなので、なんとかプロのレベルに対応して打てるようになること。

あとは若さのアピールです。足の速さや肩の強さ、そして将来性。もっとも、最初のキャンプ（ハワイ・マウイ島）ですでに若さアピールの難しさに直面しました。

若さ＝元気をアピールしようと思いましたが、年上の先輩たちの体の強さに圧倒されたのです。単純に体が大きい。そして体幹の筋力が強い。

これまでも140キロの球速ならいくらでも体験してきましたが、その質が違うのです。今まで見てきた140キロは、目いっぱい投げて最高にうまくいった結果の140キロ。でも、プロの場合は6割、7割の力で投げているようで安定して140キロが出ています。

松井稼頭央選手は私より2歳年下ですが、高卒2年目となる前年すでに69試合に出場し、ホームランも2本打っています。決して大きな体ではないのですが、動きを見ていればその強靭さはすぐにわかります。

ああ、こういう選手が一軍のレギュラーになるんだな……と感じるものがありました。

私はというと、高校から大学へとレベルアップしたときに感じた以上の大きなギャップを感じていました。常に120％でやっていかないと無理だと思ったのです。

それでも、実戦練習であるシート打撃をやっているときに、なんとなく手応えを感じました。それまで、どうやってもスピードに対応できないと感じていましたが、こういう形に修正すれば、スピードに対応できるなというものが見えたのです。

スピードに対応するというのは、単純に直球の速さに対応するということではありません。その速い球に対応しようとすれば、キレのいい変化球やタイミングを外す遅いボールが来るのです。追い込まれるまでに狙った球をどう待つか、追い込まれた後、球速の変化にどうついていくか。それらにすべて対応できてはじめてスピードに対応できたといえるのです。

そのおかげでオープン戦ではけっこう打てました。あとは慣れるだけ――そう思っていましたが、それはまったく甘い考えでした。

「オープン戦の自分」では通用しない

公式戦に入ると、ピッチャーのボールの威力がもう一段上がりました。コーナーをつく制球力もオープン戦とは違っています。「本番」となって、アドレナリンの出方が変わってくるのでしょう。

おそらく、オープン戦ではルーキーの私がどういう打者なのか、データを取って傾向を分析するために、ある程度「打たせた」のかもしれません。

オープン戦の打ち方ではダメなんだなと感じ、さらに打ち方を修正しました。そこから公式戦仕様に徐々に慣れていって、この打ち方ならいけるかなという手応えをなんとか1年目で感じることができました。

キャッチャーとして、けちょんけちょんに酷評された記事を目にしたことがありました。いわれるまでもなく、技術も経験も他のどの捕手より劣っているのは自覚していました。でも、その中でやっていくしかない、やれるところまでやるしかない。とりあえず3年頑張ろう。それでもダメならやめるしかない。そう考えて発奮しました。

その後感じたのは、毎日のように公式戦をやる疲労感が半端ではないこと。試合だけではありません。カードとカードの間には移動もしなくてはなりません。

当時も今も、パ・リーグは、金曜日までの平日はナイターをやって、土曜日はデーゲームが当たり前。ここでは海外旅行並みの「時差ぼけ」があります。これまでもずっと野球をやってきたというのに、「プロ野球選手はすごい」と、子どものような感想を持つしかありませんでした。

伊原コーチの言葉にプロの厳しさを痛感する

若さだけが取り柄だったはずが、若さを生かせない。1年目はまだ全試合に出られるわけではありませんでした。相手先発投手の左右などで、ある程度、出ない日がわかりました。そんなときは、「ここでしっかり休んでおこう」と意識していました。出たら全力を出し切る。出ない試合では全力で休む。こうして精神的には、徐々に慣れていきました。それでも、肉体的な疲労というものには、結局1年かかっても慣れることができませんでした。

2年目にファーストでレギュラーになってからは、内臓の疲労というものを経験するようになりました。

筋肉疲労だけなら、まだ耐えられます。キャンプの猛練習で蓄積するのは筋肉疲労ですが、休養する時間もたっぷりあるので回復できるのです。

しかし、連戦の疲れが内臓にくると、これはつらい。食欲が減退し、さらに口内炎ができたりして、なお食べられなくなります。

栄養補給がままならなくなると、筋肉の回復も追いつかなくなり、腰痛、首痛にも悩まされるようになります。そうなると体のキレは悪くなりますし、集中力を保つのがつらくなります。

ここまでくると一軍のレベルのピッチャーには太刀打ちできなくなり、守っていてもミスをしてしまいます。

ある日、当時コーチだった伊原春樹さんに呼ばれ、こう言われました。

「おまえ、疲れてるのはわかる。でも観に来ているお客さまは毎日違うんだから、その方たちに失礼のないプレーをしろ」

よっぽど疲れた顔をしていて、見るに見かねたのでしょう。たしかに、それまで自分のコンディションをなんとかしよう、チームに迷惑をかけないようにしようといっぱいっぱいになっていて、そんなことは考えてもいませんでした。ああ、これがプロなんだな――と、あらためて感じさせられました。

自分自身のことで悩む一方、あらためてわかったこともあります。残念ながら、私の体はアスリートとして強くない、「超一流」とはまったく違うということです。

プロ野球の世界にはたくさんの選手がいますが、超一流となると10人にひとりとか、20人にひとりといった割合になるのでしょうか。

彼らの傾向として、やはり体が強いのです。最大の特長は「夏に太る」こと。たとえ若いときに技術的に劣っている部分があっても、それを克服したときにはレギュラーと

現役時代の筆者（写真：SEIBU Lions）

して安定的に活躍することができるようになります。

超一流は、移動中の乗り物で爆睡することができます。こっちは、試合中は集中力マックスでやらないともたないので、その後の移動時間でもまだ興奮状態が続いてしまい、移動中に寝ることもできません。

一方の超一流は、極端な話、精神的にも肉体的にも80％くらいの出力で試合をやっている感じに見えます。もうこれは、エンジンの排気量のようなもの、持って生まれたものであり、のちの「肉体改造」でどうにかなる問題でもないと感じました。

私の場合は、せめて内臓疲労をためない

ようにとベストを尽くすしかありませんでした。そういう意味では、私は現役期間中ずっと超一流との違いと、自分の限界を感じ続けていたといえるでしょう。

第1章でも少し述べましたが、私は逆指名、いわゆる「ドライチ」として、一流選手の待遇を受けながら入団しました。

それにふさわしい活躍ができたシーズンもありましたが、それはあまり長い間続きませんでした。

それでも自分の限界を少しでも向上させようと努力し、もがき続けた選手生活であり、その当時の慣習や仕組み、制度の中では、やれることを精いっぱいやったという思いはありました。

第4章　プロ野球の未来に思うこと

コロナ禍だから生まれたアイディア

プロ野球の危機から15年。成果を上げた改革の歩みは第2章で述べたとおりです。では、これからのプロ野球はどうなっていくのでしょうか。発展を継続していくために、何が必要なのでしょうか。

この章では、私なりに日本プロ野球の将来を考えていきたいと思います。

しかし、進歩を続けていくのが最善だと思っていた矢先、「疫病」という想定外のリスクに見舞われてしまいました。２０２０年、いわゆる新型コロナウイルス感染症の発生と、その対策による活動の制限です。

オープン戦の無観客開催、活動自粛、開幕の延期と試合数の削減、オールスターゲームの中止、クライマックスシリーズの中止（セ・リーグのみ）、無観客での開幕、上限５０００人の入場制限、収容人員の半分にも満たない入場制限……。

もちろん野球界に限った話ではありませんが、その経済的ダメージは甚大なものだったことは間違いありません。

しかし、だからといって毎日絶望していても始まりません。やれることを全力でやるしかない。そんな中で、もし何もなければ思いつかなかったような、素晴らしいアイディアもたくさん生まれました。

画期的だったのが「ライオンズビジターゲーム観戦会」です。これまで主催試合以外の試合（ビジターゲーム）は、基本的に自球団の収益にはならない、「稼げない試合」でした。簡単にいえば、主催試合による収益は主催球団が得ることから、それによって各チームとも安心して主催試合に専念できる部分があったのです。

しかし、困っているのはお互いさま。もしも、それぞれの球場や周辺施設にビジターゲームの映像を流して、ファンに集まってもらうイベントを行えば、収入を増やすことができます。こうしてビジターチームに対して無償で映像の使用と、それを活用したビジネスを許可する試みが始まりました。

これは、それまでにPLMの活動などを通じて構築してきた協力関係があったからこそ実現することができました。

ライオンズは、オープンしたばかりの「グリーンフォレスト デリ＆カフェ」と「D

ＡＺＮデッキ」を会場に、「ビジター応援デー」を開催しました。

もちろん人数制限やソーシャルディスタンス、換気など、十分な感染防止対策を行った上で、モニターで試合を観戦しながら、食事を楽しんでいただきました。公式マスコットのレオ、ライナ、公式パフォーマーのbluelegendsのパフォーマンスもありました。

その後、会食時のリスクが強調される機運が高まったこともあり、各球団で予定されていた同イベントの実施は途中から見送られることになってしまいましたが、実施されたイベントで集まっていただいたファンのみなさんからは好評をいただきました。

翌年にも継続するかどうかなど、先のことはまだ決まっていませんが、収益をアップさせていく方法はまだあると実証できました。

「保護地域の壁」を越えた企画

こうした協力関係の中で「従来の取り決め」を緩めてもらったケースは、他にもありました。こちらは地域ごとに収益の独占権を与えるという、いわゆる「保護地域」の取り決めを緩和してもらったケースです。

野球などのエンターテインメント業界と同じように、大きな痛手を被ったのが飲食業界です。同じ西武グループのプリンスホテルでは、宴会が軒並キャンセルになるなど打撃を受けました。また、同じくグループ会社が運営する複合アミューズメント施設「BIGBOX東大和」内で営業している「和食居酒屋ななかまど」も大苦戦を強いられていました。そこで、グループ内で協力し合って盛り上げられるような企画が考えられたのです。

プリンスホテルとのタイアップでは、まず無観客で行われた開幕シリーズなどで、「ライブビューイング付きプラン」を企画。これは、品川プリンスホテルの大きな宴会場で、300インチの巨大スクリーンに映し出される中継映像を観るイベントがついた宿泊プラン。当然、十分な感染防止対策をとっています。

新宿、サンシャインシティ、川越の各プリンスホテルで、客室のファン同士がリモートでつながる観戦宿泊プランを企画。

8月には品川と川越で「ライブビューイング付きプラン」。新宿、サンシャイン、川越でメットライフドームにて行われる埼玉西武ライオンズ戦の球場での観戦チケットが付いた宿泊プラン。新宿、サンシャインで1日1室限定でライオンズ・コンセプトルームを用意するなど、ライオンズファンのみなさんに喜んでいただけるような特典満載の企画を次々と行いましました。

東大和のなかまどでも、ライオンズ戦の中継映像を観ながら、飲食も楽しめるお得なプランを企画しました。

ただし、これらの実現のためには先述した保護地域の壁をクリアしなければいけません。川越プリンスホテルのように埼玉県内であれば、ライオンズの保護地域内なので問題ないのですが、品川、新宿、サンシャインのプリンスホテル、そして東大和市のなかまどはいずれも東京都内の施設であることから、東京都を保護地域とする読売ジャイアンツと東京ヤクルトスワローズの承諾が必要です。

そのため、両球団に企画の趣旨を説明し、快諾していただいたことで、すべての企画を実現することができました。

西武グループ各企業同士の連携はこれまでもありましたが、保護地域の壁があるために実現できなかったことも多かったと思います。今後は調整をいとわず、必要なときには積極的に協力し合うことも必要だと気づきました。

新しい商品・新しい野球様式

コロナ禍だからこそ生まれた新商品もたくさんあります。最も象徴的といえるのが、マスクです。まさか選手の背番号が入ったマスクが応援グッズになるとは想像もしていませんでした。

そのほか、新企画の「オンリーONEチケット」が好評でした。「オンリーONEベンチお座りレオ超特大付きチケット」には、当日の試合でベンチに座った高さ70センチの超特大レオぬいぐるみ（お座りレオ）がついてくるもの。その試合で選手が着用した同じユニフォーム（レプリカユニフォームSサイズ）を着ていて、レオのサイン入り。監督や選手たちからなでられることも多い「レアなレオ」です。

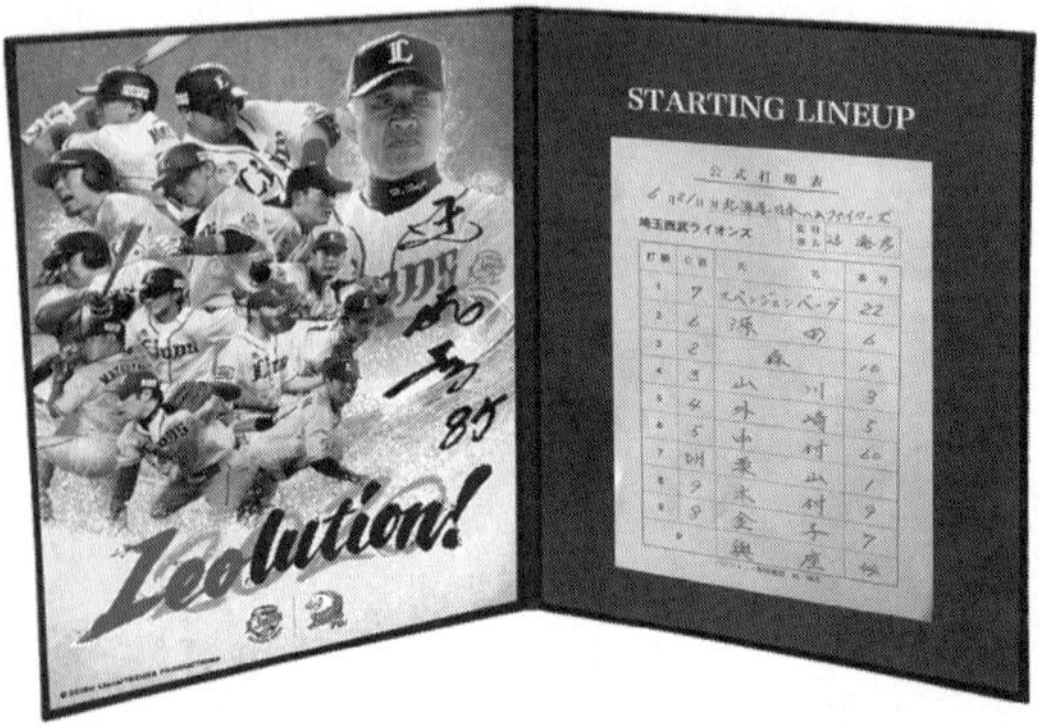

「オンリーONEスタメン表付きチケット」の見本（写真：SEIBU Lions）

「オンリーONEスタメン表付きチケット」は、当日の試合前にチームマネジャーが記入したその日のスターティングメンバー表と、それを収納するオリジナルバインダー（辻監督の直筆サイン入り）が特典としてついてきます。

いずれのオンリーONEチケットも1試合1名さま限定でした。プレミアムチケットとして、他のチケットよりも高価に設定しましたが、当選するのはとても難しかったと思います。

それぞれ1枚ずつですから、実際の収益という点では決して大きくはありません。でも、このコロナ禍で少しでもなんとかしたいという思いからひねり出されたアイディアです。結果としてファンのみなさまに大いに喜んでいただくことができました。

一方、試合そのものに目を向けると、無観客や応援スタイルの変化によって「野球の音」が印象的だったと思います。バットにボールが当たる音、ピッチャーが投げるときに発するうなり声、フライが上がったときの野手たちの声、ファンから送られる拍手の音。どれもが新鮮で、これまでにない臨場感を味わいました。

「鳴り物応援」も日本球界の大切な文化ですが、ライブイベントであるプロ野球に新しい価値が生まれる予感をした時間でもありました。

「源田の練習風景」ならきっと見たい人がいる

「まだまだ未開発の商品がある」といえば、映像関連にもありそうです。

今では2月のキャンプインと同時に、待ちわびていたファンのみなさまがキャンプ中継を見てくださるという流れが定着しましたが、まさかキャンプの中継映像も収益になるとは思ってもみませんでした。

これと同じように、ファンに喜んでもらえそうな映像として、ライオンズのショートを担う源田壮亮選手の守備練習が考えられます。ひたすら、打球を追い、捕球して送球する。その様子を淡々と映し出す映像です。

なんの目的もなく、環境ビデオのように眺めていても癒やされるかもしれませんし、野球少年、プレーヤーからすれば、上達するための情報の宝庫です。喉から手が出るほど欲しい、見たいという人が少なからずいると思っています。

ただ、これをテレビで放送するとなると、ちょっとハードルが高いかもしれません。各局にはそれぞれの考えがありますから、期待どおりの数字（視聴率）が取れなければ番組として継続することができません。

であれば、インターネット配信でスタートすればいいのです。

現在、ユーチューブには野球を指導する動画がたくさん投稿されています。どれも工夫を凝らしてわかりやすい解説が加えられています。

でも、本当の本物のトッププレーヤーによる、最上のプレー以上に説得力のある映像はありません。どういう練習を、どのようにやっているのか。それが伝わってくれば、これほど価値の高いものはないでしょう。

若年層に圧倒的な影響力がある「eBASEBALL」

インターネット配信とともに、若い世代がプロ野球に関心を持つ入り口として重要なのがeスポーツ（コンピュータゲームの競技）です。

彼らにとっては、テレビを視聴するよりもゲームをプレーする時間のほうが長いというのが当たり前になっています。

そうでなくても、実際のプロ野球中継ではなく、ゲームがきっかけとなり野球に興味を持つようになったという人たちは非常に多く、すでに30代になっているようです。

面白いのは現在のプロ野球選手にも子どもの頃にプロ野球ゲームをたくさんやった経験がある人が多いこと。「野球に興味をもったきっかけはゲーム」と公言している選手も珍しくありません。

2018シーズンで優勝したライオンズのeスポーツチーム（写真：NPB／Konami Digital Entertainment）

野球振興という意味でも重要なゲームですが、現在では各球団とも収益源にもなっています。ゲームには球団や選手が実名で登場します。NPBがその権利をとりまとめてゲーム会社との間で使用許諾契約を結んでいます。これにより、球団や選手にライセンス料が分配される仕組みになっています。

コロナ禍による、いわゆる「巣ごもり需要」によって、2020年はライセンス料の増加が見られます。

そしてもうひとつの収入源が「eBASEBALL」です。これは、NPBとコナミデジタルエンタテインメントが共催するプロ野球ｅスポーツリーグです。

「もうひとつのプロ野球」というキャッチフレーズのとおり、12球団がプロのｅスポーツプレーヤーをドラフト会議で指名・契約し、ｅペナントレース、ｅクライマックスシリーズ、ｅ日本シリーズと戦って日本一を決定します。

２０２０シーズンで使われるゲームは、「パワプロ」の愛称でおなじみの「ｅＢＡＳＥＢＡＬＬパワフルプロ野球２０２０」（ＫＯＮＡＭＩ）。球場の看板広告やユニフォームの広告もリアルに再現されており、そちらからも球場、球団標章類などの使用許諾料が得られる仕組みになっています。

コンピュータゲームと同様に、トレーディングカード類で発生するライセンス料も将来性のある収入源になっています。

マーケットを海外に拡げる

２０２０年8月、米国スポーツ専門チャンネルFor the Fans（ＦＴＦ）との契約締結により、パ・リーグ6球団の試合がアメリカで生中継されることが決定したとPLMが発表しました。すでに同年8月より放送が始まっています。

パ・リーグの海外進出は、台湾（09年～10年、14年～）と韓国（14年～15年）で実績がありますが、これが初の北米進出となりました。

放映権担当者の間では、かねてぜひチャレンジしたいと機会をうかがっていましたが、これもまたコロナ禍だからこそ実現できたことでもあります。

2020年は、世界各国でプロ野球のスタートに影響が出て、台湾は4月、韓国は5月、日本は6月、いずれも無観客で開幕しました。

アメリカにいたっては、7月24日にようやく開幕を迎えられました。

そのMLBの空白期間に、米国スポーツ専門局ESPNが韓国プロ野球（韓国野球委員会・KBO）と契約を結び、韓国プロ野球の放送を開始しました。

KBOに一歩遅れてしまいましたが、PLMもこのチャンスを生かして初挑戦をすることになったのでした。

ご存じのとおり、NPBには北米、中南米出身の選手がたくさんプレーしています。

潜在的に日本でのプレーを希望している選手もたくさんいます。

アメリカでは多種多様のスポーツが数多くのスポーツチャンネルで放送されています。マイナースポーツという言い方が適当かどうかはわかりませんが、あまり知られていない競技にマニアックなファンがいるのがアメリカのスポーツ界でもあります。

そういう意味では、日本のプロ野球に興味を持っているファンがそれなりの人数がいても不思議ではありませんし、日本のプロ野球にはそれなりの魅力があると思います。

収益面ではまだまだ。数字を残せないと、契約が継続できるかどうかもわかりませんが、とにかくテストケースでやってみて、データを取ってみることが大事です。

プロが伝えることに意味がある

若年層向けの施策といえば、忘れてならないのがスクール事業です。現在はほとんどの球団で行っています。

ライオンズは「ライオンズアカデミー」と称して、小中学生の男女を対象にレッスン

ライオンズアカデミーで指導する星野智樹コーチ（写真：SEIBU Lions）

を行っています。土日は地域の所属チームで活動している小中学生が多く、平日の夜に集合して練習しています。

この事業の目的を一言で言うと、野球振興です。

指導者は、ライオンズのＯＢが務めています。彼らが教えているのは野球の技術だけではありません。実際にプロ経験者ですから、正しい努力を継続した結果、なりたい自分になれて、成功をつかんだという経験も含めて伝えることができます。

どの指導者も、こと野球については、何が正しいかを知り尽くしたプロフェッショナルですから、説得力をもって指導することができます。それにより、正しい方向に導ける可能性が高まります。

ふと思ったことですが、野球選手は現役を引退してからコーチや指導者になるのですが、私たちサラリーマンは、現役を引退してからコーチをすることはないでしょう。現役中にコーチにも指導者にもならなくてはいけません。ある程度、自分自身が成長したのなら、今度は次の世代が成長できるように助けなくてはいけません。

この教える、伝える、つなぐという行為が、プロフェッショナルとして最終的になしとげなくてはならないことなのかもしれません。

この室内練習場で夜練習していた選手が将来、ライオンズに入って大活躍してくれるのを楽しみに待っています。

セカンドキャリアの充実でスポーツ界に貢献したい

ふと気がつけば、現役引退から丸15年が過ぎました。プロ野球選手だった時間より、サラリーマン生活が長くなっています。途中、ホテルマンという貴重な経験もさせてもらいました。そして現在は再び、球団の社員として株式会社西武ライオンズで「フルスイング」をしています。

もちろん、与えられた持ち場で最善を尽くすのが一番大切なことですが、ときには将来のビジョンに思いをはせることもあります。

私自身がプロ野球選手だったことを考えると、選手が現役を終えたあとのセカンドキャリアを充実させることができるようにしたい――という思いは常にあります。

現在のようにアスリートがプロフェッショナルとして人々に喜ばれる存在になったのは、日本や世界の歴史を考えれば、つい最近のことです。

日本のスポーツ界で圧倒的に経済規模が大きい野球界は、スポーツ界の先駆者にならなくてはいけないと感じています。

セカンドキャリアが充実してくると、おのずと野球をする人口も増える。子どもが「プロ野球選手になりたい」と言い始めたときに、親御さんは仮にプロになれたとしても、その後のことが気になると思います。

現在は現役引退の平均がだいたい29歳くらいといわれています。その後もきちんと仕事がある業界だとわかれば、安心して送り出すことができるでしょうが、今はまだそれを保証できるとまでは言い切れない状況です。その結果として、途中で夢を諦めてしまう人も少なくないでしょう。

ゆえに、セカンドキャリアが充実してくれれば「挑戦するだけの価値がある」「もっと野球をやらせよう」という家庭が増えるのではないかと思っています。その母数が増えれば、優秀な選手を発掘できて、野球界の発展につながります。そして、野球と同じようにスポーツ全般のセカンドキャリアが充実していけば、スポーツ界全体が発展していきます。

今、キャッチボールをできる公園が少なくなってしまったのは本当に寂しいことです。アスリートのセカンドキャリア充実には、こうした環境を変えるだけの力があるはずです。プロ野球に携わった人間として、日本のスポーツ界の発展に貢献したいという思いがあります。

「元選手」の頑張りが、セカンドキャリアを切り拓く

ただ、今自分がやっていることも、それにつながると思っています。与えられた仕事を一生懸命やる。

「元野球選手でも使える」と思ってもらえるか。

それとも「やっぱり元野球選手だから使えない」という評価になるか。

私がやっていることは、「プロ野球選手のセカンドキャリア充実」に直結していると考えています。

当然ではありますが、私が引退したあとだけでも、すでに何人も現役を引退した選手がいます。そういう世界です。

現役引退後のキャリアとして、チームスタッフの一員として球団に残る道もある。そんな流れをつなげていくという意味でも、私自身が頑張らなければならないと感じています。

子どもたちに野球を指導する「アカデミー」ができて、コーチだけでなく、運営スタ

ッフにも元選手が携わるケースが出てきました。

「デジタル・ネイティブ」ともいわれる、生まれながらに電子機器を操る世代の選手が増えて、PCを苦もなく扱う選手も増えてくるでしょう。そして、私を含めた元選手たちの頑張りが、セカンドキャリアの道を切り拓くはずです。

私自身、自分が携わってきた仕事以外のことがまだまだたくさんあるので、いろんなことを知りたい、挑戦したいという気持ちも強くあります。

事業から入って営業、広報の仕事もやらせてもらいました。まだやっていないのは、選手の管理・育成や編成などを担当する球団本部です。もし、球団本部からスタートしていたら、今どうしているのかなと考えることはあります。

チームに同行するスタッフの一人であったり、編成に関わる立場であったり……いずれにしても、現在とはまったく違う道を歩んでいることは間違いないでしょう。

ひとつ言えるのは、どの仕事を担当することになったとしても「高木が適任だ」と思ってもらえるように、これからもプロフェッショナルとして頑張っていくだけ、ということです。

おわりに

プロ野球の球団にとって新型コロナウイルスに苦しめられた2020年ほど苦しい年はありません。と同時に2020年ほどプロ野球が開催できること、プロ野球映像を制作するスタッフ、放映していただけるメディアなど、多くの関係者に感謝の思いを強くする年もありません。

ある法人営業の担当者が言いました、

「こういう状況だから、契約終了や契約解除は仕方ない。でも、多くのお客さまが、こんなときだから応援するよ、頑張ってと言ってくれる」

球場にはたくさんの広告看板がありますが、それでも降ろさずライオンズを応援してくれました。

試合の生中継は、球場に来て放送ブースにいなければ絶対にできないものだと思っていましたが、リモートでやらざるを得ないときがあり、やってみたらなんとかできたということがありました。それだったら、いろんなことができるかもしれないと、発想の転換ができました。

あるＩＴ企業（スポンサー）は、無観客の試合でも、お客さんがいるかのような映像をつくれるというので、そんな映像を用いて中継をしてみたこともありました。イニング間のＣＭだけでなく、中継映像自体がその企業の技術力をＰＲする広告になっていたのですから、画期的なことでした。

本編にも書きましたが、こんなことがなければ協力し合うこともなく、協力を求めることもなかったのに、「そうか、お互いに助け合えばいいんだ」と気づいたこともたくさんありますし、新しいビジネスアイディアも数多く生まれました。

やれることをやるしかありませんし、やれることをしっかりやっていればいいのだと気づきました。選手たちは精いっぱいのプレーでファンを喜ばせるしかありません。私はそれをしっかり伝えていくだけです。野球の練習と一緒のことです。

このような機会をいただいたことに、多くの関係者のみなさまに感謝いたします。最後までお付き合いいただき、ありがとうございました。

2021年2月

高木大成

高木大成（たかぎたいせい）

1973年生まれ。東京都出身。桐蔭学園高校、慶應義塾大学を経て95年ドラフト1位で西武ライオンズ（現・埼玉西武ライオンズ）入団。2005年に現役引退後、西武ライオンズの社員として営業やPR等の事業に携わる。2011年、プリンスホテルへ異動。約5年間ホテル業務を経験した後、2017年より再び西武ライオンズの社員となり、現在に至る。

プロ野球チームの社員

著者　高木大成

2021年4月25日　初版発行
2021年5月25日　2版発行

発行者　横内正昭
編集人　内田克弥
発行所　株式会社ワニブックス
〒150-8482
東京都渋谷区恵比寿4-4-9えびす大黒ビル
電話　03-5449-2711（代表）
03-5449-2734（編集部）

装丁　橘田浩志（アティック）／
小口翔平＋後藤司（tobufune）
執筆協力　菅野徹
校正　東京出版サービスセンター
企画協力　株式会社西武ライオンズ
編集　大井隆義（ワニブックス）

印刷所　凸版印刷株式会社
DTP　株式会社 三協美術
製本所　ナショナル製本

定価はカバーに表示してあります。
落丁本・乱丁本は小社管理部宛にお送りください。送料は小社負担にてお取替えいたします。ただし、古書店等で購入したものに関してはお取替えできません。

ISBN 978-4-8470-6655-9
ワニブックスHP　http://www.wani.co.jp/
WANI BOOKOUT　http://www.wanibookout.com/
WANI BOOKS NewsCrunch　https://wanibooks-newscrunch.com/